ONLY TODAY

Rachel Ventin

"Quero morrer vazia, por isso escrevo um livro."

Rachel Ventin

Agradecimentos

Meu agradecimento por carregar dentro de mim a essência da vida, que sempre esteve comigo e que desde criança eu pude acreditar com todas as minhas forças, Deus.

Ao "Meu Bem", meu marido e melhor amigo Roberto, que acreditou em meu trabalho e sempre me apoiou e deu todo seu suporte durante toda esta fase de criação. Que trabalhou duro comigo, muitas vezes preparando o jantar da família, outras vezes entretendo as crianças para que eu focasse na escrita, por chorar comigo quando eu achei que não tinha forças, por ser a maior escola de treinamento que eu poderia ter. Por me dar tanta riqueza de informações para construir alguns capítulos. Você é sem dúvidas alguém singular e significante em minha vida.

Aos meus filhos Joshua e Sarah, que muitas vezes entraram no quarto enquanto eu escrevia, me fizeram parar e nem imaginavam o quanto me inspiravam em todas as vezes que eu precisava ouvir um "mãeee"! Vocês são sem dúvidas, aqueles que me ensinam todos os dias e me fazem querer ser um ser humano melhor.

Aos meus pais Odair e Eulina, sem vocês este livro jamais existiria. A minha gratidão por todo amor que eu tive em minha infância e tenho até os dias de hoje. Obrigada por responder minhas mensagens para mais informações ao livro, nos momentos que minha memória não podia alcançar. Obrigada por todos os Não. Obrigada por me ensinarem a ser uma pessoa que promove o bem *na terra e ama a Deus acima de todas as coisas.*

A minha filha Melissa (in memoriam), que me forjou numa mulher melhor e me fez ver a vida em outra perspectiva.

Ao meu irmão Eduardo (in memoriam), que me incentivou na escrita, todas as vezes que aguardava ancioso eu ler minhas redações e poesias que compunha em cima da cama. Você sem dúvidas ativou a semente dentro de mim.

A todos vocês o meu Amor Eterno!

Rachel

Nota da Autora

A Identidade, os Bloqueios Mentais e a Mentalidade são conceitos profundamente interligados que influenciam de maneira significativa a forma como as pessoas se percebem e interagem com o mundo ao seu redor. A identidade refere-se à percepção que um indivíduo tem de si mesmo, incluindo seus valores, crenças e a maneira como se vê em relação aos outros. Já os bloqueios mentais são barreiras psicológicas que limitam o potencial de uma pessoa, muitas vezes resultantes de experiências passadas, traumas ou crenças limitantes que impedem o crescimento pessoal.

Neste livro, trago as minhas experiências de vida, que me fizeram perceber na fase adulta que eu ainda não tinha minha identidade plenamente clarificada. A consequência de não ter uma identidade clara, me fez seguir a vida com vários bloqueios que ao longo da jornada, atrapalharam meus relacionamentos, decisões e até meu casamento.

Este não é um livro religioso e também até o momento não me tornei médica para atestar algum diagnóstico científico, mas mostro com minhas experiências de fato, como eu pude superar bloqueios de auto imagem, medo, abandono, dos quais me fizeram entender que clarificando minha identidade, é possível alcançar o meu propósito de vida aqui na terra.

Compreender a interação entre identidade, bloqueios e mentalidade foi essencial para promover mudanças significativas no meu comportamento e me ajudou a superar limitações e buscar meu pleno potencial.

1

Estados Unidos da América

Chegamos nos Estados Unidos da América

Aterrissamos em Miami. Meu Deus! Como é olhar para um lugar que nunca imaginamos estar. O medo pelas perguntas da imigracao, misturado com a alegria de pisar na "Terra do Tio San". Como é respirar nos EUA? A temperatura é diferente? As pessoas são gentis ou agitadas? Verei pessoas altas, loiras de olhos bem azuis? Os negros tem a voz grossa e usam tenis cano alto, sorriso lindo e dizem: "*hey man*"?! Bem, estamos no maior aeroporto da Flórida e ali começava a nossa jornada. No final da fila, encontramos um homem simpático, atrás de um pequeno palanque que nos pediu as reservas do nosso hotel e gentilmente nos disse: "Welcome to United States of America". Ual, meu coração se encheu de alegria!

As ruas de Miami são lindas mesmo! Precisamos de um táxi, comentei com meu marido. Os celulares do Brasil aqui não funcionavam, não tínhamos aplicativos de carros privados, não falamos a língua do país ainda. Então vai lá o marido, com toda coragem e receio negociar com o taxista do carro uma corrida até nosso hotel. "*Ola* (diz meu marido, todo acanhado batendo no vidro do carro). Rapidamente e correspondido com um: "*Hola, como estás?* (em espanhol). Ufa, viagem garantida, o motorista falava espanhol, nada mal. Negociamos o preco e um senhor alto, negro, de cabelos grisalhos, natural de Porto Rico, nos ajudou a colocar as malas no carros e seguimos viagem. Que conforto era pra mim no carro ouvir seu sotaque espanhol e saber que ele chegara a tempos atrás na América com a mesma missão, continuar a ser um vencedor! Conversamos sobre nossos países, clima, comida, família e a cada momento eu queria escutar mais aquele sotaque bonito e as experiências que ele tivera em sua vida.

A medida que o carro se afastava mais e mais do aeroporto, eu podia sentir o trânsito, ver as pessoas caminhando pelas calçadas, arranha céus enormes, as cores da árvores e de repente ao passar por uma ponte enorme eu avistei um Oceano azul, mas tão azul que não havia visto antes. Alguns chamariam de "azul piscina", outros de "mint white", mas eu sei que era um oceano que chamava a atenção por sua coloração entre a paisagem.

Depois de tentarmos descansar um pouco, ainda com o fuso bem alterado, acordamos para um dia lindo de sol e tomamos um delicioso breakfast americano servido pelo Hotel. Foi emocionante... afinal quantos filmes desde criança, assistimos, e víamos a família toda sentada à mesa comendo cereal, ovos, bacon, pães tostados, waffles, salsichas, panquecas com mel e um delicioso café preto com creme naquelas xícaras enormes, suco de laranja ou um copo de leite branco para as crianças. E conosco foi exatamente assim. E é muito divertido!

Vamos explorar a cidade. Tivemos a graça de conhecer um senhor nos seus 60 anos, que estava no Hotel, descansando na cidade, e como velho visitante, nos levou nos melhores lugares para conhecermos de fato a cidade. Lincoln Road, Ocean Drive, South Beach foram alguns dos destinos. Tudo muito lindo como nos filmes, um mar cheio de lanchas e casas milionárias mesmo. Seguimos para o próximo destino. Detroit. Um frio congelante. Da janela do avião, já avistamos as montanhas cheias de neve e um chão branquinho, que parecia infinito e se misturava a um cenário clássico de um Discovery Channel. Após algumas horas na cidade, seguimos para a Califórnia, e aterrisámos na charmosa San Diego. Ali estava nossa cidade acolhedora de uma nova fase de vida.

Começar uma vida nova, num novo lugar, tendo que fazer novas amizades, construir novos relacionamentos, edificar uma casa novamente, para nós não seria algo novo, afinal, pra quem já se mudou tantas vezes de residência, saiu de São Paulo, foi pra Bahia, saiu do nordeste e voltou para o sudeste do Brasil, nos fez calejar e não nos apegar a coisas e lugares.   E descobrir como o não apegar nos faz muito bem! Me lembro que enquanto empacotava as coisas da minha vida, como fotos, lembranças dos meus filhos, itens pessoais, objetos da nossa Lua de Mel, na outra caixa me desfazia de coisas que me acompanharam por longos anos, que me fizeram muito felizes, como lindas baixelas e conjuntos de porcelana que ganhei em meu casamento, mas que agora não faziam mais sentido nesta outra fase de vida que eu escolhia viver.

Recordo de ouvir minha mãe dizer: *"Mas filha, você não vai sentir falta de todas estas coisas que você conquistou com tanto carinho?"* E a resposta dentro de mim era: *"Não, não sentirei falta. Quero conquistar algo novo".* Isto é libertador! Quando dizemos basta para algumas coisas que nos apegamos como "bichos de estimação" ao longo da vida, mesmo que seja uma xícara, damos lugar ao novo e uma janela de novas expectativas se abre dentro de nós. Há uma força no Universo que nos gira, e quando fechamos um ciclo, um novo ciclo aparece. Isto é a Lei da vida. Ela não para. Só vai parar quando partirmos desta terra para a eternidade.

Recomeçar

Passamos por tantos lugares diferentes, convivemos por tantos anos com culturas extremas (nordestinos e sulistas no Brasil), mas ainda não havíamos vivido em um país que não fosse o nosso de origem, o Brasil. No passar dos dias fui estranhando bastante. A emoção de estar num cenário de filme foi passando. A realidade de ter que construir mais uma vez algo para minha família começava a gritar dentro de mim. Somente nós mulheres sabemos os temores sobre o futuro quando temos filhos pequenos, e a força que temos que tirar de dentro de nós para encorajar nossos maridos a seguirmos o alvo. Encontrar uma casa para morar, conquistar um novo trabalho para o sustento do lar, colocar as crianças para estudar, adquirir um veículo para nos transportarmos, são coisas que martelavam em minha cabeça. A sensação que temos quando chegamos em um novo país para morar, é que a vida zera e teremos que construir tudo novamente. Sem muitos recursos trazidos do Brasil seguimos a vida.

A família de meu marido, primas e conhecidos, foram muito importantes neste início para nós. Conseguimos trabalho, as crianças já estavam estudando, adquirimos nosso carro próprio e já estávamos em nosso apartamento. Rápido assim? Não. Tudo na vida são etapas e conquistas. A fé é importante em todas as fases. Se você não tem, encorajo que pratique. *"Sem Fé é impossível agradar a Deus (texto em, Hebreus 11:06)"*. Sim, Deus está presente em tudo que fazemos. Então por que não convidar Ele para sentar no banco da frente e dirigir seus passos? Te garanto que será muito mais leve. Lembro de algumas vezes chorar com Deus baixinho no travesseiro, para que Roberto e as crianças não escutassem, já que nós quatro dividimos o mesmo quarto, e pedir para conseguirmos um lugar para alugarmos e seguirmos nossa vida. Nossa, e deu certo! Nossas economias já estavam acabando e o trabalho ainda não nos trazia um resultado expressivo, mas me lembro do meu esposo, indo com a coragem de um valente, sem falar uma palavra em inglês, conversar no escritório com uma síndica já idosa e de semblante peculiar, sobre a locação de um dos imóveis. Eu não sei de que forma eles conversaram, mas ele saiu dali com todos os documentos em mãos, um contrato de dois anos, ocupação em 15 dias e entrada de apenas 25% do valor do imóvel. Como não acreditar no sobrenatural? A fé sozinha não vale de nada, mas quando colocamos um plano em ação, partimos para o alvo, os caminhos vão se abrindo. Estava aí meu primeiro ensinamento prático na América.

As coisas foram tomando forma com o passar do tempo. A barreira mais difícil que encontrei a princípio, foi a língua. A sensação que eu tinha de tudo que aprendi no Brasil com a língua inglesa, aqui não me valiam de nada. Eles falam rápido demais, e enquanto eu estava traduzindo em minha mente a segunda palavra, eles já estavam na décima. A Califórnia tem uma grande população hispânica, e isso ajuda muito os brasileiros na comunicação, mas a língua principal sempre será o inglês. Com o passar do tempo, seus ouvidos vão se acostumando com a nova língua e o entendimento flui com mais facilidade.

Minha vontade de estudar e aprender o idioma local, me fez entrar numa Escola de Introdução a Língua Inglesa, onde fiz muitas amizades e conheci muitas culturas. Minha visão acerca dos Estados Unidos era totalmente diferente do que de fato vi por aqui. Um país livre, de várias cores e raças é algo lindo de se ver. Minha sala de aula era representada por diversas nações como Brasil, Guatemala, Japão, Irã, Rússia, China, Ucrânia, México, França, Bélgica, Itália e Afeganistão. Ver todas estas pessoas no mesmo lugar, me fez entender que a América abraça o mundo, mas que também traz o mundo todo para dentro de si. Com tantas culturas e raças, é por isso que ela é a potência que é. Nesta hora, aquela sala de aula se torna tão interessante! Não adianta, todos se esforçam para falar o mesmo idioma e tentam se comunicar. Me lembro que nos primeiros dias me sentia numa Torre de Babel! Nos intervalos das aulas me esforçava para conhecer mais sobre aquele alfegão ou aquela chinesa, fazendo simples perguntas sobre o que ele gostava de comer, com que idade as pessoas se casam em seu país, por que escolheram a américa para viver, quais seus sonhos e alvos de vida. E as histórias, as mais incríveis possíveis.

A sensação que temos quando saímos do Brasil e chegamos até aqui, é que o mundo já não é mais tão grande como imaginamos. Quando acessamos uma cultura diferente, entramos pela porta de um outro país, e nossa visão acerca da raça humana nunca mais é a mesma. Lembro quando fui mãe pela primeira vez, experimentei um amor que nunca havia sentido na vida, e pude pela primeira vez entender como Deus olha pra mim quando olhava meu filho dormir. Acessar uma nova cultura, me fez ver Deus de uma outra forma, agora não só o seu amor, mas entender que de fato Deus é colorido e cada pessoa carrega um pouquinho Dele dentro de si. No Brazil, é muito comum nos vermos como brancos e negros, mas aqui nao. é algo magico quando voce se permite enxergar as pessoas como nunca viu antes. Lindo também e saber que Deus Não tem preferidos, que toda raça e nação foi constituída por Ele, e temos que abolir de nós mesmos todo pré-conceito que criamos em nossa mente, vivendo tanto tempo dentro de uma única "caixinha" ("*Tu és digno de receber o livro e de abrir os seus selos, pois fostes morto, e com teu sangue comprastes para Deus homens de toda tribo, língua, povo e nação. Texto de Apocalipse 5:9*").

Se me perguntassem hoje, qual é a melhor experiência que eu vivo morando nos Estados Unidos? Pra mim e sem dúvida poder me conectar com outras nações virando a esquina.

Por que Califórnia?

"*Califórnia* é um dos 50 estados dos Estados Unidos, localizado na região dos estados do Pacífico. É o estado mais populoso do país, com 39 538 223 habitantes e o terceiro em extensão territorial, superado apenas pelo Alasca e pelo Texas. A Califórnia é o maior centro industrial dos Estados Unidos e líder nacional na produção de produtos agropecuários.

Das 20 maiores cidades dos Estados Unidos, quatro estão localizadas na Califórnia: Los Angeles, San Jose, San Diego e São Francisco. Sua capital, Sacramento, também é uma grande cidade. A região sul da Califórnia é densamente povoada, sendo que as duas maiores cidades do estado (Los Angeles e San Diego) estão localizadas aqui. Já na região norte estão localizadas as cidades de São Francisco e São José, além da capital do estado, Sacramento. Após o contato com os europeus, os espanhóis foram o primeiro povo a explorar e colonizar a área onde atualmente fica o estado da Califórnia, e após a independência mexicana, tornaram-se parte do México. Os norte-americanos tomaram posse da Califórnia na década de 1850, em uma guerra com o México (história bem famosa por aqui)."

Trecho extraído da Enciclopédia Livre.

A princípio decidimos pelo Estado da Pensilvânia. Tudo parecia melhor por lá. Meu marido teria seu irmão por perto, primo e eu uma prima no Estado de Nova York. Pessoas conhecidas para nos dar um suporte na chegada. De repente meu marido começou a ter outros contatos na Califórnia e seu coração se abriu para este Estado. Eu estava ainda muito apreensiva. Foi quando numa manhã, com o coração bem apertado, e não querendo contrariar meu marido, saímos para resolver algumas coisas acerca da nossa partida, e fomos até a estação de metrô em Salvador.

Saía uma multidão de pessoas pelo portão principal e de repente, entre aquele aglomerado de gente, apareceu um jovem, de camiseta branca, com letras "garrafais" pretas enormes escrito SAN DIEGO. Fiquei sem acreditar, mas me mantive calada sobre o assunto. Na volta para casa, pegamos a fila do bilhete na estação, e um senhor idoso à nossa frente estava com uma camiseta rosa, com o desenho de uma prancha de surf, escrito de um lado ao outro nas costas, CALIFÓRNIA. Ali meu coração descansou. Todo o peso que eu estava sentindo em Pensilvânia ou Califórnia fora embora. Rápido assim? Não. Há dias estávamos orando juntos e pedimos a direção de Deus para não nos precipitarmos em nada e para que nossas emoções não decidam o nosso destino. E o sobrenatural se manifestou. A fé tem que caminhar junto com os nossos planos. Não tem jeito.

"Sem fé é impossível agradar a Deus."(Texto em Hebreus 11:6).

2
Anos 1980

A Infância

Um dia todas as crianças da rua estavam ganhando suas bicicletas. A moda dos anos 80 em São Paulo, era a Caloi Ceci, Aro 20 (uma famosa marca de bike) com cestinha na frente. Meus olhos brilharam quando eu vi pela primeira vez, minha amiga Vanessa, com uma vermelha, a qual ela havia acabado de ganhar de natal. Ah, como eu queria uma também! Geralmente, quando o sol começava a baixar, saímos na rua e lá estava ela aprendendo a pedalar. Meu coração acelerava, e eu me via em minha imaginação pedalando sem parar com o vento no rosto. Todos começaram a comprar e eu queria muito ter a minha. Na época, minha família não dispunha de um valor extra nas economias para a aquisição da bicicleta do momento, então eu continuava a sonhar com a minha. Meu pai, muitas vezes conseguia comprar peças e alguns itens em "Ferro Velho", nas maratonas que fazia com seu amigo americano John Peterson (um grande acumulador) ou ganhava de alguém que não queria mais algo e via no meu pai uma oportunidade para se livrar do problema. Meu pai ia acumulando, e numa desta, adquiriu uma bicicleta usada da marca Caloi Berlineta Dobravel Aro 16. Bem, não era uma "Ceci", mas era uma bike que serviria para o meu tamanho. Ela já estava bem velha e enferrujada, então papai se empenhou para trocar a corrente, colocar óleo nas manivelas dos pneus e pintá-la. Claro que eu queria vermelha (que era da moda), mas a tinta que tínhamos em casa era a cor vinho, então teríamos que usar a que estava guardada no quartinho das ferramentas. Eu via a cada dia meu pai reconstruindo a bike e isto me animava. Ele lixou todinha, para tirar todas as placas de ferrugem e no dia seguinte pintou de cor vinho. No início senti um pouco de vergonha pela cor, não queria, queria cor vermelho sangue como de minhas amigas, mas tudo mudou quando num dia pela manhã, ele colocou a bicicleta na rua sem saída que moramos e disse "senta e pedala" que eu vou te ensinar a andar sem rodinhas. Meu pai me dando atenção, indo comigo brincar na rua era inacreditável! Eu mais que depressa montei na bike, segui todas as instruções e comecei a pedalar. Senti ele segurando na parte de baixo do banco e me empurrando como se quisesse dizer, fique calma, faça o que for necessário para se manter aí, eu estou aqui e você não vai cair. O vento batia em meu rosto e a sensação novamente de que meu príncipe estaria ali para me proteger abasteceu o meu coração. Ja nao tinha mais vergonha, nao ligava pra cor, perdi o medo, me inundei de gozo e alegria. Emocionante! Jamais esquecerei este momento. Claro que houveram muitas quedas depois disto e muitos treinos também, que francamente nem me lembro, mas incrível que este é o esporte que me sinto mais excitada e confiante para executar até os dias de hoje.

Nós éramos 6.

Lá em casa, mamãe era a doce dona de casa. Prestativa, amável, resolvedora de problemas. Cozinhava as 3 refeições do dia. Colocava a mesa, preparava a comida gostosa, salada verde em todas as refeições não poderia faltar. Fazia bolos, coxinhas caseiras, pão, empadas, pave, biscoitos, maionese, lasanha, tudo de mais gostoso que poderíamos imaginar. Se pedimos algo específico e ela não sabia, abrir seu armário de livros ilustrados e receitas, estudava, anotava como fazer, listava os ingredientes e providenciava as compras para que o prato fosse executado. Aos domingos, devido a correria das reuniões, algumas vezes era poupada da proteína, e comprávamos um delicioso frango assado no restaurante do bairro. Uma referência em nossa casa sempre foi a excelente comida que mamãe nos preparava todos os dias. Interessante que, conforme nós íamos crescendo, cada um ia adquirindo seus respectivos compromissos proporcionais a idade de cada um, então os horários que nos encontrávamos no café da manhã, no almoço ou no jantar eram quase sempre diferentes. Lindo era ver mamãe. Ela tinha uma sabedoria incrível. Independente do horário tarde da noite que um de nós chegavamos, ou porque estava na faculdade, ou se preparando para ir a igreja, ou partindo para a escola, mamãe sentava na mesa e gostava de nos ver comer e nos fazer companhia para conversas sem papai. Isto marcou tanto a minha vida, que a mesa para mim sempre foi muito importante. Até hoje com meus filhos, mesmo que algumas vezes eu não queira comer naquele horário ou queira apenas um suco, sento-me à mesa com eles e gosto de ouvir o seu coração. Neste momento, eles estão disponíveis para conversar e falar das coisas da vida. Sempre brincamos que cada um tem que falar um momento bem alegre que viveu no dia e depois um momento não tão legal que viveu naquele dia e já foram revelados tantos assuntos profundos que, como mãe, sabia que teria que orar mais e ter mais atenção para alguns fatos mencionados. E assim todos nós nos sentimos mais incluídos na vida uns dos outros.

Mamãe passava roupas como ninguém. As camisas de papai sempre estavam impecáveis, com colarinhos feitos e calças com vincos. Todos os dias o varal estava cheio. A máquina de lavar não tinha descanso, e vira e mexe a gente tinha um pet que nos fazia companhia, e era ela, a mãe que cuidava de tudo. Eu até hoje fico impressionada como ela dava conta de tudo. Eu não entendo como conseguia. Não tínhamos ajudante. Sempre foi mamãe, dando conta de uma casa tipo sobrado onde subia e descia para atender todas as necessidades da casa durante o dia. (*falar mais sobre mamãe...*). Além dos afazeres domésticos, sempre via mamãe lendo livros, e sempre estudando para poder criar suas palestras. Interessante que mamãe estudou até a quarta série e muitas vezes era tão aplicada que inspirava qualquer um de nós com tamanha dedicação. Em casa ela sempre estava cantando. Músicas lindas, acredito eu que eram como uma terapia para ela. Quase sempre, mamãe colocava também discos de vinil para tocar e muitos deles eram infantis, com canções de textos bíblicos para memorizarmos estes ensinamentos milenares. E até hoje, aquelas pequenas canções me acompanham e, quando preciso me lembrar de algumas palavras de encorajamento para enfrentar alguns desafios, cantarolá-las em minha mente funcionam como orações de pensamentos.

Ela costurava, pregava botão, tingia até roupas se

fosse preciso e estava sempre lado a lado com papai. Por isso para mim, quando via papai ser duro com ela, meu coração se quebrava pois para aquela menina não precisava ser tão duro assim. Na igreja, ela sempre tinha cargo de liderança com mulheres, cantava no coral e ensinava as crianças na escola dominical quando necessário. Já vi mãe pintando guardanapos, colocar temperos em potes, fazer biscoitinhos, encapar com tecido botões para algumas lojas, pois desde aquela época já se mostrava empreendedora e isso contagiou a minha vida também. Ela era uma baita administradora e psicóloga por natureza e quando necessário, nos disciplinava firmemente também.

Éramos 4 filhos.

Ester era a mais velha. Pouco convivemos, pois a nossa diferença de idade era de 10 anos. Quando eu tinha 5 anos e queria aprontar e reinar com bonecas, birras e cosquinhas, ela já se interessava por batons, roupas, saltos e os meninos. A diferença de ideais e sonhos vividos em cada fase da vida, nos fez muitas vezes não termos muita intimidade. Às vezes brigávamos porque eu era curiosa, mexia nas coisas dela, andava com seus sapatos e espiava na janela, ela dava um beijo no primeiro namorado às escondidas e me acabava nas gargalhadas. Ela brincando de namorar e eu brincando de "casinha" com minha bonecas. Nossas brigas até não eram tão frequentes assim, além de eu mexer na suas gavetas, até que um dia ela decidiu colocar chave, brigamos de vez em quando por causa do controle remoto da TV. Depois de crescidas, já conversamos a respeito, e ela disse achar que por eu ser a filha caçula era muito mimada e todos faziam as minhas vontades, e eu sempre achava que minha mãe só conversava e dava atenção a ela por ser mais velha. Hoje concluímos que a forma que fazíamos a leitura de nós mesmas e guardávamos sentimentos errados uma da outra, não eram verdadeiros. Resignifiquei isso em minha vida e seguimos em frente.

Mas jamais esquecerei nos meus 7 anos, ela escondera no guarda roupas um jogo de cartas para me dar em meu aniversário e eu curiosa, achei antes do dia guardadinho, só esperando para me entregar. Também quando eu fiz 15 anos, ela juntamente com meus 2 irmãos planejaram uma festa surpresa e reuniram todos os meus amigos e eu me senti tão amada por ela naquele dia! Ela juntamente com meu irmão Eduardo cantaram uma música de homenagem para mim que dizia:

"*Valeu.*
A força recebida e o carinho seu,
As nossas mãos unidas no trabalho de Deus,
Pois você sempre esteve lá, na hora certa.
Valeu.
A força recebida quando o ombro pesou,
O sorriso inibido quando derramou
Aquela lágrima de saudade.
Valeu o tempo em oração,
E todas as canções ouvidas.
Valeu Cristo no coração,
Unindo eternamente nossas vidas,
Valeu
Valeu
Valeu"

(Autor Desconhecido)

Eduardo e eu tínhamos a diferença de 9 anos. Este era meu irmão número 2. Ele sempre foi uma criança grande. Extremamente talentoso e extrovertido, sanguíneo de temperamento, sempre teve destaque. Pra mim era tão fácil estar ao lado dele! Ele era engraçado, divertido, comilão e topava qualquer coisa. Para uma garota tímida, era maravilhoso ter por perto um temperamento sanguíneo, pois em qualquer lugar que fossemos jamais faltaria assunto pra ele. Este era um verdadeiro aventureiro da vida. Desenhista e cantor por natureza, jamais vi um dia meu irmão não cantar alguma canção pela casa. Foi ele que sempre me incentivou a abrir minha boca e usar a minha voz e enquanto ele se aprofundava nas aulas de canto, me fazia de cobaia para tentar as notas mais agudas do universo e testar novas modulações. Ele foi o primeiro a me ensinar a ler uma partitura de música e me encorajava a fazer solo em peças e apresentações.

O Eduardo era assim, alma pura. Fácil de cativar uma pessoa devido tamanha espontaneidade. Nunca vi ter inimigos e quando arrumava algum, não durava muito tempo pois ele tratava de dizer rápido o que o incomodava e resolver rapidamente. E depois tudo virava música e arte. Foi com ele que aprendi os primeiros musicais e vi um desenho da Disney pela primeira vez. Ela sabia fazer penteados em meus cabelos e combinar as minhas roupas de forma criativa e divertida. Mas certa vez ele me surpreendeu.

Minha família nunca foi de celebrar aniversários com festa para amigos e familiares, então geralmente neste dia, mamãe batia a massa de um bolo delicioso e preparava o sabor preferido do aniversariante do dia, esta era a tradição em nossa casa. Eu recebia a visita de minha avó no final do dia, e quando já era quase noite meu pai aparecia e me falava Feliz Aniversário. Me lembro que geralmente neste dia, eu passava o dia todo triste achando que ninguém lembraria do meu aniversário e cresci odiando esta data. Todas as minhas amigas tinham lindas festas com bolo, doces, decoração, presentes, e muitas vezes eu não entendia que os nossos recursos não eram tão avantajados para fazermos festa para muita gente. Então o Eduardo, sempre muito criativo, teve a ideia de comemorar meus 7 anos. Convidou todos os meus amigos da idade e seus pais. Mamãe prendada preparou bolo e quitutes na cozinha e todos se empenharam para fazer uma grande festa. Neste dia teve balões, decoração na mesa, presentes. Colocaram discos de músicas e até teve um momento de história para as crianças que uma amiga da mamãe preparou. Edu cuidou de fazer brincadeiras para entreter os pequenos e foi um momento inesquecível. No fundo eu sempre gostei de festas e me senti muito amada. Entre tantos momentos incríveis, ele me levou ao cinema para ver o filme "Titanic", na sessão da Meia Noite. Os natais com ele sempre eram mais divertidos! Ele animava, falava alto, dava gargalhadas, se encarregava da arrumação da mesa de natal e batidas de frutas ou um prato diferente. Na hora de embalar os presentes, ia ele tirar do armário a sacola imensa de papéis, fitas e caixas usadas no ano passado para embrulhar os presentes, e assim colando pedaços de tecido, unindo a fita com a cor mais diferente de papel ele construía cartões de natal e criava lindas caixas. Nele fora depositado por Deus uma dose extra de talento e criação. Em 2018, ele começou a ficar doente. Foi descoberto um câncer que acabou paralisando suas pernas. Aos poucos ele parou de falar e depois já não podia comer nada mais pela boca. Eu já havia crescido, partido para América e já não estava mais por perto. Foi triste vê-lo por chamada de vídeo muitas vezes e não conseguir mais ouvir a sua voz. Daquele homem alto, lindo e feliz com a vida foi lhe tirado no final as três coisas que ele mais amava fazer: andar (não parava quieto um minuto, amava sua independência de ir e vir), o paladar (adorava cozinhar, criar pratos, comer e provar novos sabores sempre) e entre todos, seu maior dom "Cantar". Destes citados, o maior deles o canto, ele usou como ninguém. Fazia espontaneamente e por amor. Teve muitos alunos particulares. Em coros, liderou musicais, peças de teatro, dirigiu e produziu tantas pessoas! Onde ele passou marcou o território com seu jeito ímpar de ser. Jamais entenderemos porque as pessoas magníficas vão embora tão cedo, mas de fato são pessoas que deixam um Legado na Terra, pois não enterraram seus talentos, usaram e usaram muito enquanto viveram. Este foi o Eduardo.

Mamãe cuidou dele até o último suspiro. Papai se fez presente assiduamente nos momentos finais e viu sua alma deixar o corpo em nossa casa. Meus outros irmãos seguravam as emoções e os ânimos de todos, auxiliando os detalhes possíveis sempre que podiam e num período difícil, onde o mundo vivia uma Pandemia de Covid 19 absurda. E eu mesmo longe, acompanhava tudo e pedia ao Papai do Céu o tempo todo pra curar ele. Todos num único propósito, mostrar a ele o quanto sempre foi amado. Papai do Céu curou. Uma cura eterna. Onde lá onde ele está, não existe mais choro, dor ou doenças. Onde ele continua sendo a nossa criança grande, não mais numa cadeira de rodas ou num leito, mas correndo sem parar em um gramado verde fresco e resplandecente, gargalhando bem alto como gosta, comendo as mais deliciosas frutas, com uma mesa posta magnífica como ele gosta, com assados, drinks, saladas, grelhados, tudo de melhor que seu paladar ainda nunca havia conhecido, podendo Cantar suas Óperas com uma orquestra jamais ouvida em parte alguma do Planeta e desfrutando de uma paz que nossa alma jamais pode imaginar. Saudades? Demais! Mas pelo amor que tenho por ele, jamais o tiraria deste Lugar de Plenitude que ele chegou. Eu tenho certeza!

"Mas a todos o quanto receber a Jesus, lhe será dado o poder de serem feitos filhos de Deus, a saber, somente aos que crêem no seu Nome, os quais não nasceram do sangue, nem da vontade da carne, nem da vontade do homem, mas nasceram de Deus!" (Texto da Bíblia em João 1:12 e 13)

"E Deus enxugará dos teus olhos toda lágrima. Não haverá mais morte, nem aflição, nem choro, nem dor, pois as coisas antigas já passaram." (Texto da Bíblia em Apocalipse 21:4)

"Bem aventurados os mortos que, desde agora, morreram no Senhor. Sim, diz o Espírito, para que descansem de suas obras e dos seus trabalhos..." (Texto da Bíblia em Apocalipse 14:13)

"E o pó volte à terra, como era, e o espírito volte a Deus, que o deu" (Texto da Bíblia em Eclesiastes 12:07)

Ricardo era o irmão número 3. Nossa diferença de idade era de 7 anos. Este era o mais próximo e cuidadoso comigo. Certa vez mamãe anunciou que estava grávida de mim. Ele passou a gravidez toda me detestando. Temia perder o lugar de filho caçula, da cama da mamãe quando trovejava ou de alguns privilégios ao longo do dia. Mamãe se ausentou de casa para ir para o hospital ter neném e disse que quando voltou pra casa com aquele embrulho nos braços chamado Raquel, ele grudou e nunca mais soltou. Nascia ali um laço de amizade que carrego até hoje. Sempre tive o Ricardo como meu protetor. Ele tinha um temperamento mais gentil e carinhoso e gostava de fazer palhaçadas. Encontrou a irmã perfeita, que adorava rir com ele, imitá-lo e encorajá-lo na sua dramaturgia. Sempre gostei de admirar sua beleza e quão inteligente este irmão sempre foi. Rápido, sempre despontou na carreira acadêmica e foi o primeiro lá em casa a se formar na Universidade. Trabalhou cedo e me inspirou a conseguir meu primeiro emprego aos 14 anos. Atualmente, ele é um dos maiores empresários da sua região, pois sempre trabalhou, correu atrás por conta própria, se dedicou e sempre semeou na vida da família. Entre tantos feitos, eu adorava vê-lo também tocar violão pra mim e criar músicas novas quando retornava dos acampamentos com seus amigos. Também foi influenciado por nosso irmão Edu, então tem uma voz belíssima. Eu e Ricardo éramos assim. Não precisávamos falar muito, olhávamos nos olhos e sabíamos se as coisas iam bem ou não tão bem assim. Ele me ajudou com minhas lições de casa da escola e a noite ia lá pra meu quarto, se sentava ao lado da cama e me fazia rir até eu não querer mais. Ele foi um excelente terapeuta na minha infância, me ajudando a rir antes de dormir para eu acordar mais energizada, e isto funcionou por diversas vezes. E claro que eu sempre fui esquentada e brigava de tapas e mordidas com ele e naqueles momentos a gente se odiava. Tinha momentos que eu queria as coisas do meu jeito, não acontecia e eu me estressava, outras vezes tinha baixa tolerância à frustração, principalmente quando ele tirava sarro de algo em mim e eu me sentia ridicularizada ou criticada. Mas depois tudo passava, ficávamos bem e já estávamos se tratando com amor pela casa.

O Ricardo era o irmão que eu admirava. Ele era popular entre as meninas. Como podia ser tão inteligente, bonito e divertido! Eu queria ser assim. Eu não era esta inteligente das aulas, mas como não era a popular da escola, sim tímida e envergonhada, descobri desde cedo que se eu decorasse as respostas das provas, todo mundo ia me querer por perto, e eu seria aceita. E deu certo. Assim fui crescendo e sempre mascarando minha personalidade para caber em alguns lugares. Mas falarei sobre isto mais a frente. Às 3 horas da tarde, mamãe deixava eu ligar a televisão e assistir o programa infantil da "*Mara Maravilha*", com os desenhos do "*The Muppet Show*" bastante popular em São Paulo nos anos 80, e eu amava. Este era o momento mais esperado do dia pra mim, pois o Ricardo chegaria às 5 horas, iria bater na porta, eu ia me jogar nos braços dele, e juntos íamos buscar pães frescos para tomarmos um delicioso café da tarde com pão com manteiga. E assim fazíamos todos os dias, pegavamos o pãozinho, molhava no café com leite e comiamos. Além de muito amoroso comigo, com o passar do tempo, foi se tornando o provedor dos meus desejos de menina. Papai estava sempre ocupado, pouco abria a porta do escritório para nos relacionarmos, então eu sempre esperava ansiosa por Ricardo para expressar minhas emoções, alegrias, frustrações e ansiedades. E ele me supriu em muitos destes momentos. Às vezes eu tinha vergonha, e ele estava ali para me dar forças e dizer que eu era capaz. Às vezes me sentia inferior, ele estava ali para me impulsionar e me fazer rir daquilo que eu ainda não sabia lidar.

Me lembro certa vez, eu ja adolescente, que ele me deu a minha primeira bicicleta *Caloi anos 1990*. Esta era uma bike azul marinho com detalhes amarelo fluorescente! Não era a *Caloi* vermelha da infância, mas era agora a *Caloi* descolada que toda adolescente da época gostaria de ter. Eu amei. Como rodei Campinas-SP toda com esta bike! Fiquei sem palavras. Era assim que ele pensava ao meu respeito, sempre queria me ver bem.

Quando nos mudamos para Salvador, no estado da Bahia, ele foi o primeiro irmão a nos visitar e matar saudades. Foram tempos muito difíceis pra mim esta separação. Senti muita falta dele e me sentia totalmente triste de não tê-lo mais por perto. Parece que ali, perdi a minha proteção. Hoje olhando para trás, já amadurecida nos meus mais de 40 anos de idade, vejo que tinha uma dependência emocional de Ricardo e em muitos momentos o tive como referência de paternidade e afeto. Com esta ruptura, no auge dos meus 16 anos, tive momentos de profunda tristeza, medo e até frustração com a vida. Ricardo sim foi o irmão que me ensinou de perto sobre o amor.

A filha Caçula Número 4

Eu era assim. Muito criativa. Amava me trancar no quarto e viver meu mundo imaginário. Lá as bonecas tinham nome, e os filhos mais velhos imaginários também. Eu era casada com o Robert e tinha três filhos. A mais velha era a Deborah (imaginário), o segundo era o David (imaginário) e a bebezinha (da marca *Estrela* que eu ganhara de Natal) era a Mariana. Família completa. Marido trabalhava fora, eu era a dona de casa rica e vendedora da revista Hermes (que eu pegava escondida da minha irmã quando ela trazia do trabalho pra casa) na região do meu quarto. Pegava uma calculadora e lá ia calcular e ordenar o pedido de minhas clientes, algumas imaginárias que chegavam no meu quarto, outras que eu ligava e fechava o pedido. Ah como eu gostava de viver nesta família. Lá eu me achava útil, pertencente e amada. Devido a minha vergonha e timidez, sempre fui reservada. Fazia amigos, mas desde cedo contava nos dedos os que eu queria por perto. De poucos amigos, porém sempre leal aos que eu escolhia. Por não ser tão comunicativa na infância, eu sempre me senti atraída por amigos mais falantes e extrovertidos. Nunca tive muita paciência com amigas quietas ou pacatas. Nesta fase, sempre precisei de pontes para fazer amigos e na fase escolar buscava aceitação por minha "inteligência".

Bem, eu nem era tão inteligente assim. O que eu queria era ser aceita, então buscava me incluir o mais rápido possível nos grupos populares. Minha estratégia sempre foi, decorar os longos textos de história e portugues ou fórmulas de matemática, para na prova conseguir responder o máximo de perguntas e exercícios. Assim tirava notas boas, e os grupos me queriam por perto pois eu era dedicada. Durante as aulas, minha cabeça viajava nas roupas das professoras, no passarinho que passava na janela e cada página do caderno ou do livro, tinha que ter um desenho meu ou uma pintura no canto da página. Nas aulas de artes e poesias eu não precisava mascarar nada. Era nato minha criatividade e desenvoltura. Sempre amei escrever e minha redação e poesias sempre estavam entre as 5 escolhidas para serem lidas para a classe toda em voz alta, e neste momento eu me sentia amada. Quando precisava me expressar na dramaturgia da sala, eu era rápida em criar e adorava dirigir os colegas em suas falas, fazia com naturalidade.

Mas desde que me lembro, sempre tive um medo de não ser capaz e não sendo capaz seria rejeitada. Olhando para trás hoje, percebo o quanto fui amada e privilegiada em muitos momentos de minha vida, mas carregava em mim um não pertencimento. Achava que pela diferença de idade com meus irmãos ser grande, eu era ignorada nas minhas opiniões e sugestões, o que em alguns momentos acontecia porque eu era pequena demais e naquela geração as coisas aconteciam um pouco assim, os mais novos não tinham voz. Adorava rir com meus irmãos, mas quando a risada era sobre mim, me sentia ridicularizada e inferiorizada por eles. Por ser mais tímida e retraída, ouvia minha mãe falar que eu era mais parada e mole, e isso me ofendia profundamente. Quando recebia críticas da minha roupa, sapatos, cabelo ou forma de me comportar, minha auto estima ia caindo cada vez mais. Sempre fui uma excelente atriz (afinal, adorava atuar na escola), mas cada vez mais ia mascarando meus sentimentos reprimidos.

A Garota Sem Identidade

Minha experiência em entender de fato sobre minha identidade, levou alguns bons anos. Ela teve que ser escavada passo a passo. Tive que desconstruir muitas crenças a meu respeito e me desnudar a ponto de perguntar: Quem Sou Eu? Acredito que esta é a maneira certa de encontrarmos a resposta, fazendo perguntas para a única pessoa que tem a resposta sobre você. Você mesma!

Para que isto ocorra, todas as vozes ao redor terão que ser silenciadas e todo dia você terá que fazer perguntas para si mesmo. A cada pergunta, e uma resposta encontrada, uma pá de terra será tirada. E claro que as respostas não ocorrerão imediatamente, mas você terá que ser incansável a seu respeito, até que em algum momento o Universo te dará respostas. Muitas vezes achamos que a respostas sobre nós mesmos está ao redor, se concentrando em olhar para fora, para beleza do mundo, não, nossa identidade está dentro de nós. Nascemos com ela.

Então eu comecei uma jornada de ativamento, que acelerou um processo dentro de mim. *"Lech-Lecha"* (palavra em hebraico, que significa *"Saia para Dentro de Si Mesmo"*). Esta palavra foi usada por Deus certa vez, quando Ele dá uma direção a Abraão para sair de onde estava. Ao ler esta história, muitos de nós entendemos que o comando era que Abraão fosse para uma outra terra, mudasse de território. E isto é fato, Deus queria sim que isto acontecesse para que a história se cumprisse, mas o tratar de Deus ali com ele era exatamente que ele tivesse um descoberta com ele mesmo.

Eu não acredito que viemos a este mundo apenas para uma passagem, mas acredito que para deixar um legado com a nossa vida. Ter a percepção de quem somos e para onde estamos indo é fundamental para que qualquer ser humano viva uma vida plena sabendo verdadeiramente quem é. Legal entender também a história de Abraão. Na história bíblica de Abraão tudo ia muito bem em sua vida. Já estava casado há longo tempo, seus negócios iam muito bem obrigado, era o mais rico e influente em sua região, tinha servos e servas para te servirem a todo tempo. A história conta que ele carregava uma dor. Ele não conseguia ter filhos, o que sabemos que para aquela época não ter descendentes era humilhante para um homem tão bem sucedido como Abraão. A questão preciosa da história é a seguinte. Um homem brilhante tinha uma dor. A dor era uma ferida emocional aberta, a de não poder ser pai. Ele já tinha cerca de 75 anos, então passou quase uma vida toda sendo provocado por pessoas por não poder gerar filhos carnais. Imagina agora que está ferida emocional encobria a sua identidade. Ele não se achava capaz de ter filhos, ele deveria ser atormentado por pensamentos de que inveja em ver os outros conseguirem e ele não, ele carregava o bloqueio de não merecimento, pois já alcançará uma certa idade e nada aconteceu. Sua auto estima provavelmente era baixa e sua auto imagem totalmente desregrada, porque ele não se achava um bom marido para sua esposa chamada Sara.

Na cultura do país que ele nasceu, ele tinha que ter filhos para ser reconhecido como um genitor e isto lhe deve ter trazido tantos questionamentos a sua masculinidade, as pessoas que não prosperam adoram apontar os erros de um rico, então imagina o quanto este homem não foi criticado ao longo de sua vida? Ele tinha tudo que os olhos podiam avistar, mas com tantas feridas emocionais que suas experiências ao longo da vida lhe causaram, ele não conseguia ativar de fato a sua identidade, sendo assim, Abraão não sabia quem ele era. E neste momento que muitos de nós se confundem com as funções que tem ocupado. Abraão tinha uma carreira brilhante de empreendedor. Ele poderia ser médico, um professor, um pescador, um secretário, um barbeiro ou um mecânico, isto não faz diferença, mas ele não sabia quem de fato ele era. Deus olha para ele e diz, "bem, quero que você deixe o seu legado nesta terra, mas se você não souber quem você é isto será impossível". E neste momento onde ele recebe um comando, deve ir para si. *Lech-lecha (saia para dentro de si mesmo em hebraico)*. "Sai da tua terra, da tua parentela, da casa de seu pai, e vai para a terra que eu te mostrarei. *(primeiro versículo do texto da bíblia em Gênesis 12:1)*". Muito mais que sair fisicamente do lugar que estava, Deus quis dizer a ele que a partir daquele momento ele teria uma busca solitária, deixaria a opinião da sua parentela, que a casa de seu pai não teria mais governo sobre sua vida e seria ele com ele mesmo (*Lech-Lecha*). Deus não diz que irá abandoná-lo, mas diz que ele deve se encontrar. Talvez pensemos que ele já não era tão novinho para se redescobrir nesta altura do campeonato da vida, mas perceba que o criador que te fez, não se importa com o tempo, Ele tem o total controle do Chronos (*o tempo dos homens)*. Na reconstrução de nossa identidade, nós teremos que buscar por nós mesmos estas respostas, são as atitudes que teremos em busca do nosso amor próprio. Parecerá um tempo solitário e quieto, e realmente será. (*Caso queira saber mais sobre a História de Abraão, ela se encontra em Gênesis 12, na Bíblia)*.

Uma pessoa com a identidade não clarificada, também podera buscar este perfil em outras pessoas. Ela estará perdida na busca de um propósito de vida, mas sem clarificação de quem você é, com o tempo este propósito se dissolverá. Observe a vida de Jacó. A história deste segundo personagem bíblico diz que ele já nasceu tentando tomar o lugar do irmão. Ele era irmão gêmeo de Esaú e ao nascer, segura no calcanhar do seu irmão para poder nascer primeiro. Claro que a ideia não deu certo, e ele acabou sendo o segundo filho. Naquela época o primogênito da família era muito importante e recebia em dobro a sua parte na herança, e Jacó desde muito cedo se mostrou interessado em algo que não era dele, a primogenitura. A história dele conta que o irmão certo dia chega cansado em casa e pode sentir o cheiro da comida que Jacó preparava na cozinha, então se aproveitando das condições de cansaço do irmão recebe todo o direito de ser o primeiro filho em troca de um prato de comida. Sim, Jacó soube tirar proveito do seu irmão. Mais uma vez, quando se pai já estava cego e a beira da morte, era tradição o patriarca abençoar o filho mais velho antes de morrer, e Jacó colocou pelo de animal sobre o corpo para se parecer com o irmão Esaú, que era um homem bastante peludo e foi até o pai acamado pedir para ser abençoado como filho mais velho. Quando ele percebeu que o irmão descobriu toda a trama que ele traçou, fugiu para terras distantes. Três características ficam claras aqui de um homem sem identidade, aproveitador (tirou proveito do irmão quando ele estava cansado), fingido (teve que maquiar o corpo com pelos para se parecer com o irmão enquanto se aproximava do leito onde seu pai estava cego) e fugitivo (não consegue ter responsabilidade sobre erros e vai embora).

Eu por muitas vezes me pareci com Jacó. Sem clarificação da identidade, tentava fingir algo que eu não era, achando que este era o único caminho. Aquela menina tinha seus medos e bloqueios e fingia seus sentimentos para poder pertencer. O nome disso é Fuga. Voltando para a história de Jacó, em um dos episódios ele escuta rumores de que seu irmão Esaú está vindo, armado com um exército atrás de Jacó, para se vingar por tantos anos passados onde seu irmão lhe enganou. Nisto Jacó já era um homem de mais idade, casado e já com filhos. Mais uma vez Jacó foge. No caminho ele adormece, e tem um sonho com um anjo, onde ali de fato ele entende que desta vez poderá ter a benção que ele sempre buscou na primogenitura, direto das mãos de um ser sobrenatural. A bíblia conta que eles travam uma guerra (Jacó e o anjo) e ele já cansado de tanto lutar diz ao anjo, *"eu só solto você quando realmente der o que eu quero"*. Perceba que Jacó lutou uma vida inteira para saber de fato sua identidade. Tentou roubar a identidade do seu irmão, buscando ter o que ele tinha, e foi obstinado para isso, mas não deu certo. Apenas anos mais tarde, quando se vê numa situação onde não tem mais saída, então vê no anjo a última oportunidade para saber quem realmente ele era. E conseguiu! Neste momento a bíblia fala que o anjo teve que ferir a coxa de Jacó para que ele o largasse e pudesse ir embora, e apenas nesta hora do ferimento que Jacó deixou o anjo ir. Naquele momento sua identidade foi clarificada! Seu nome de Jacó passa a ser Israel (*nome hebraico que significa: Homem que luta com Deus*). Note, ele passa por muitas experiências ao longo da vida, engana, foge, finge e até é marcado na coxa. Talvez para ter uma identidade despertada você terá marcas e feridas que terá que deixar para trás, sua luta com Deus serão perguntas e questionamentos que você terá que fazer a si mesmo para obter as respostas. Você se sentirá muitas vezes sozinho, mas Deus estará com você.

Alguns religiosos dirão que a identidade é quando buscamos a Deus, mas ela já está dentro de nós, a busca será apenas com você mesmo.

Nesta minha jornada, escavei cada pedacinho de terra de cada vez, como uma cebola, que temos que retirar camada por camada para encontrarmos lá dentro o início de tudo. O orgulho terá que ser deixado de lado, e acredito que essa seja a parte mais difícil para a maioria. Toda vez que em seu passado você tiver experiências onde não se sinta amado, o orgulho entrara como defesa para que você não sofra mais isto. E porque tem feridas emocionais que o curativo chamado orgulho entra. Me lembro algumas vezes na infância onde queria participar da conversa dos adultos, e me tiravam de perto ou paravam de falar porque eu era a caçula, logo a não confiável que poderia espalhar a conversa para toda a família e amigos. Isso me machucava tanto, que me causou uma ferida emocional onde eu orgulhosa disse para mim mesmo: "Ah e, não confiam em mim, serei um túmulo daqui pra frente e guardarei todos os segredos e não contarei para ninguém meus problemas". Assim eu passaria na vida como a "forte", que não sai espalhando nada e que guarda muito bem seus sentimentos. Essa ferida se alojou em minha emoção e distorceu o meu valor e o que eu entendo que mereço viver desta vida. O orgulho e assim entra, se aloja e ele segura as nossas promessas, ele distorce o caráter e rouba a verdadeira identidade que você já tem desde o começo. E você segue a vida achando que está tudo bem até que se dá conta que poderia ser mais do que já é.

Quantas experiências emocionais você teve na infância e teve que passar por todas elas? No momento achou que não significou nada, mas a sua criança foi rejeitada uma vez, levou uma surra na frente das pessoas, fui criticado, fui abandonado, e a sua criança continua sentindo, não sou amado, não me deram atenção quando queria falar, mandaram você ficar quieto, não recebeu um abraço, não te falaram que isto não era certo, não sou importante, nao me deram limite, me reprimiram demais, ninguém está vendo minha dor. Talvez uma família disfuncional com divorcio, alcoolismo, adultério ou drogas e de repente está instalado um buraco bem fundo em suas feridas emocionais com tantas memórias acumuladas.

"As feridas emocionais são a marca que existem na nossa essência de todas as experiências cuja o significado que a minha criança interior deu foi de que eu não sou amado ou que eu sou rejeitado. Esses traumas produzem dor e disfunção da vida humana. Se as feridas ainda doem, ou é porque você continua exposto ao mesmo tipo de ferida ou porque você ainda não curou as feridas do passado. Não falar sobre suas fragilidades te dará espaço para ser orgulhoso. Só haverá orgulho onde tem ferida aberta".

(Camila Vieira, Coach e Palestrante)

O dia 11 de novembro é um dia inesquecível para mim. E o dia que meu primogênito Joshua Isaque nasceu. Além de ser o aniversário do meu filho, este é um feriado aqui nos Estados Unidos muito celebrado e reverenciado, feriado Veterans Day (Dia dos Veteranos de Guerra). Nesta data são homenageados homens e mulheres das Forças Armadas Norte Americanas que tombaram em combate pelo seu País. Além deles terem um dia onde são honrados e homenageados, os EUA fazem questão de proporcionar até os últimos dias da vida deles múltiplos benefícios a todos os seus familiares. A maior responsabilidade que o país tem com estes ex -combatentes é todo amparo psicológico e emocional para tratar possíveis traumas e dores que o exercício da função podem tê-los causado. Estes combatentes de guerra, provavelmente nunca mais serão os mesmos, mas terão que reaprender uma nova vida após as feridas emocionais que lhes foram causadas. Eles nunca mais dormirao do mesmo jeito, nunca mais ouviram um barulho inesperado como ouviam antes da Guerra. Carregarao dentro deles um estado de alerta para todos os sentidos da vida. É exatamente o que esses traumas emocionais fazem, nos deixarao sempre em estado de alerta quando forem expostos novamente.

3

Identidade

5 Passos Para Ativar Minha Identidade

1 - O que Deus pensa sobre mim?

Descascando a minha cebola, me surgiu uma pergunta. *De onde eu vim?* A partir deste ponto, entendi que eu sou um Projeto de Criação. Fui criada por alguém, que idealizou uma vida através de mim. Pensou em características físicas que eu teria, como as ondas do meu cabelo, a cor dos meus olhos, a cor da minha pele, meu sorriso, minha altura, e lá dentro das minhas narinas soprou uma essência única, que não haveria em outro lugar da Terra. Ali Ele me fez a imagem e semelhança Dele (*Texto da Bíblia em, Gênesis 1:26 onde " Deus disse: Agora farei o homem a minha imagem e semelhança e este homem irá dominar sobre todos os outros animais existentes..."*). Eu não sou religiosa, abandonei essa prática há muito tempo atrás, mas sei que a Bíblia é sim um manual de vida, onde ali nos é revelado o início de tudo e o fim também. Nela encontro parâmetros para viver melhor em plenitude e sabedoria, onde aprendo sobre a vida de Jesus, e a salvação que vem Dele. Jamais em meus tantos erros humanos, fragilidades, corrupções, eu poderia sonhar em ter alguma semelhança com o Criador, mas entendi que para encontrar de fato minha real identidade, tenho que aceitar o que Ele disse e fez. Aceite o que Deus diz a seu respeito, quando fazemos isto sobre nós mesmos, aprendemos a ver as pessoas com mais amor, entendendo que cada uma delas, independente da minha opinião, se eu gosto ou nao, se quero ou não a sua companhia, se me incomoda ou não, este ser humano também carrega a primeira essencia colocada por um Ser Superior e isto basta. Sou a imagem e semelhança de Deus, então carrego o próprio Deus dentro de mim. Enquanto não compreendermos isto, sempre teremos problemas para entender a nossa identidade, e isto nos trará consequências por toda uma vida. Nesta primeira fase de entendimento, me conectei direto à fonte da vida, pois Deus é a origem. Compreendi que Ele me formou antes da fundação do Mundo. Isto é o parâmetro para todas as áreas de minha vida.

Pense sobre um projeto. Quando o *"Iphone"* foi criado, *Steven Jobs* pensou em algo e projetou para que isto existisse. Ele quis criar um telefone com apenas uma única tecla, uma única tela que deslizava os dedos e tudo funcionaria. Imagina que este mesmo telefone se revoltasse e não aceitasse ser uma única tela preta onde as pessoas iriam deslizar o dedo sobre ele e quisesse ser novamente como um *"Nokia"*, telefone este cheio de teclas e botões. Essa revolta contra o projeto original não o fará entender de fato quem ele é e sempre ele tentará ser aquilo que não foi projetado para ser.

Você é este Projeto. Aceite ser imagem e semelhança de Deus pois assim você já havia sido projetado, pensado, idealizado por seu criador. Você nem precisa entender plenamente, mas você deve aceitar de fato quem você é, e assim a primeira "camada de sua cebola" será clarificada.

Se alguém fala algo a meu respeito, eu observo se condiz com como o próprio Deus pensa sobre mim para me ter feito semelhante a Ele, e, partindo desta análise se o que a pessoa disse está abaixo do padrão que Deus fala que eu sou. Então eu desconsidero e valido como um erro o que esta pessoa está falando. Lembre-se, ninguém jamais poderá validar algo que Deus já disse a seu respeito. Você é projeto Dele. Há um plano para sua vida, e o universo deseja que você o descubra e viva plenamente. Acreditando que você vem de uma força maior, você tem a chance de recomeçar e viver uma vida transformada.

Em resumo, a criação te vê como alguém de grande valor, com um propósito, e está sempre disposto a caminhar ao seu lado, oferecendo amor, graça e direção.

2 - O que meus pais disseram sobre mim?

Descascando a segunda camada de minha cebola, entendi que a identidade que eu achava ter, havia sido formada pelo o que meus pais e cuidadores haviam me ensinado. Eu tive pais maravilhosos. Cuidaram de mim, me instruíram, me livraram de perigos, fizeram tudo que estava ao seu alcance com as ferramentas que conheciam e acima de tudo eu sempre fui cercada de muito amor. É fato que o conhecimento da identidade começa lá na infância quando somos pequenos. Lá começamos a escutar os mais diversos tipos de elogios e críticas, e isto tende a nos moldar ao longo da vida. Isto porque as pessoas que amamos, confiamos e nossa mente tem a crença que tudo o que eles falam é real, pois aos que amamos, nós não pedimos passaporte para que entrem em nossas vidas, apenas entram e ficam.

Por muitos anos eu de fato acreditei que era mais "mole" e "parada", porque me falaram que eu era assim. Algumas coisas eu começava a fazer muito empolgada e no meio do caminho achava que não iria dar conta e parava, porque um dia ouvi e acreditei que eu era a caçula, por isso a mais "frágil". Também evitava conversar com as pessoas, pois sempre falaram que eu era tímida. Estes são apenas alguns exemplos que eu tive que deixar para trás, para desvendar minha real identidade. Entendi que estes rotulos de infância que muitas vezes pai, mãe, irmão, tia dizem, enfim, estão abaixo do que Deus diz que eu sou, Imagem e Semelhante a Ele, logo não cabe afirmar que Deus é mole, parado, frágil e tímido. Tem filhos que foram fadados pelos pais a exercerem determinada profissão e ou se formarem na carreira da família. Crescem totalmente desconectados de sua real identidade, crendo serem dentistas, e enfermeiros, ou advogados, ou empresários, porque um dia algum cuidador disse que ele levava jeito para aquilo, ele ouviu e acreditou. Depois percebem que jamais queriam fazer aquilo para o resto de suas vidas. Nesta fase entendi que jamais deveremos entrar na "gincana" de tentar resolver a frustração de nossos pais e nem tão pouco, hoje sendo mãe de Joshua e Sarah, quero oferecer a minha frustração ou chamado para a vida deles, pois isto irá acabar com a identidade única que eles carregam. Creio que temos muito a ensinar aos nossos filhos, mas o nosso papel será apenas ajudá-los a ativar a identidade que eles já têm dentro deles.

Mas como eu resolvi os rótulos que colocaram sobre mim enquanto eu crescia? Resignificando. Entendendo que as pessoas que me rotularam não entendiam sobre o que falavam. Que era uma percepção errada a meu respeito e que hoje eu posso pensar diferente sobre isso e mudar com minhas atitudes. No lugar da menina mole e parada, surgiu uma mulher ágil e sabia. No lugar de uma menina frágil, surgiu uma mulher forte, guerreira e resiliente. No lugar da menina tímida, surgiu uma mulher comunicativa, simpática e que opina sobre seus pontos de vista. Viver por rótulos deprime, frustra e leva você a ter comportamentos que não fazem parte da real identidade que você carrega. Comece a questionar comportamentos que fazem mal para você e para os outros ao redor. Quando errar não se culpe, respire fundo, se perdoe e corrija a rota. Jamais insista em carregar, mesmo que no subconsciente, atitudes que você já criou consciência que estão erradas ou são atitudes mentirosas. A mudança de comportamento é uma decisão e jamais acontecerá da noite para o dia, mas foque no processo e quando se comportar mal reconheça e refaça a rota para uma nova atitude.

3 - O Que Meu País Fala Sobre Mim?

Em 2019 eu vim morar nos EUA. Já morei em estados diferentes com culturas bem particulares da região, mas nunca havia saído do meu País de origem, o Brasil, localizado na América do Sul.

Entendi que onde passamos, carregamos a parte da identidade de onde nascemos. Aqui nos Estados Unidos, encontramos num só País, diversas nações no mesmo lugar. Eu conheci indianos, franceses, ucranianos, americanos, mexicanos, asiáticos, japoneses e persas.

Quando chegamos aqui na América, me lembro que o que mais me chamou atenção nas pessoas, foi que cada um carregava uma fisionomia como de "personagem de desenho animado". Me entenda neste ponto. O que quero dizer é que nunca havia visto em minha vida tantas nações da terra em um único lugar. Lá no Brazil, eu nasci em Campinas, em uma cidade do interior do Estado de São Paulo, onde também é um lugar que se recebe muitas outras pessoas que migram das demais regiões do país, atraídas pelas maiores indústrias, universidades, tráfego aéreo, diversidade cultural e oportunidades de empregos da América Latina. Ali é um estado que sempre nos deparamos com diversos sotaques e diversas culturas e tradições trazidas das mais diferentes partes do mundo. Também a grande São Paulo é marcada por uma grande influência estrangeira, como o bairro do Brás, a Mooca e o Belenzinho que tem forte influência da Itália e a presença destes italianos. Isto porque no passado, muitos destes imigrantes italianos chegaram no Brasil sendo estimulados até mesmo por seu próprio governo da época (isto falando entre 1860 a 1920), pois compreendiam uma parte rural da Itália menos privilegiada que, precisavam sobreviver e acabaram formando verdadeiras vilas operárias para manterem a si e as suas famílias na capital paulista. O bairro do Canindé é um reduto da grande comunidade vinda de Portugal. Há também o bairro da Liberdade, que sedia a maior colônia japonesa do mundo fora do Japão. Estes japoneses chegaram em solo brazileiro para trabalhar nas lavouras de café, e ali permaneceram em grande número que seu bairro é um dos pontos turísticos da cidade de São Paulo onde é comum se deparar com a comida, as tradições e costumes, nos fazendo crer em alguns momentos que pegamos um avião e descemos no Japão. Sem mencionar os alemães (em sua maior parte no sul do país), espanhóis, bolivianos entre outras representações. O solo brasileiro é e sempre foi muito produtivo e isto sempre atraiu a imigracao para nosso país, principalmente na época onde a grande economia mundial era a agricultura. Imagina você que toda esta diversidade sempre foi muito comum na região que eu morei e isso enriquece todo um país.

Quando entro na adolescência e me mudo para o nordeste do Brasil com meus pais, com cultura, comida e tradições totalmente novas para mim, tenho a experiência de ver de perto muitos estrangeiros, que iam e voltavam, vindos de diversas lugares do mundo, motivados pelo belíssimo litoral nordestino e pelo carnaval, que é uma das maiores festas de tradição do mundo. Até aqui você me entende como o país onde eu nasci tem uma grande miscigenação de povos e, mesmo assim ao chegar nos Estados Unidos, imaginava ver a gigante população americana e poucos estrangeiros, mas me surpreendi descobrindo países que eu nem sabia que existiam no mapa.

O acesso a pessoas diferentes de mim também clarificou ainda mais a minha identidade. Eu te encorajo a deixar seu país por um período e conhecer uma outra cultura fora do seu ambiente. Caso não seja possível, escolha países bem diferentes do seu e estude em livros, documentários e filmes, que relatam exatamente os costumes e comportamento típicos destes povos. Além de reforcar a nossa identidade, nos faz conhecer mais a Deus que nao é apenas brasileiro, mas que é americano, indiano, mexicano, africano, frances, palestino, chines, havaiano, escosez, etc. Esta é a maior riqueza das nações, porque as pessoas vivem nelas.

O nosso país, onde nascemos, sempre nos representará. Assim foi com Jesus, não é mesmo? Nasceu em Belem da Judeia e era um judeu. Carregava em si tradições e costumes judaicos. Muitas coisas boas do meu país eu carreguei comigo e outras não tão boas assim também. O ambiente em que nascemos e crescemos é capaz de moldar a nossa identidade. Somos instruídos desde cedo, por instituições, estatutos e normas, tanto nas escolas como nas comunidades que frequentamos e criamos uma identidade cultural. Voce, ao ler este livro, pode ser de um movimento patriarca ou um extremista nacionalista, mas meu papel jamais sera tentar mudar alguma convicçao ou crença, mas apenas te fazer pensar sobre sua identidade como pessoa. A minha nação leva em sua bandeira a declaração "ordem e progresso", o que eu acho belíssimo termos ordem e progredirmos quanto nação. Porém o governo em muitos momentos da história ainda esperou do seu povo uma mentalidade de soldados prontos para guerra (o que é muito bom também), porém não focou que este mesmo povo pode ser o general da guerra toda, e assim nós crescemos como pais. Como o Brasil é um país vasto, que teve a influência de diversos países e culturas, é importante salientar que cada região irá mostrar uma própria identidade. Com grande imigracao de mão de obra para trabalho operário, fomos acostumados a ter uma mentalidade de ordem e execução e a grande massa seguiu desta forma. Claro que boa parte evoluiu com para uma mentalidade diferente e outros que mudaram a forma de pensar e executar suas ações no meio do caminho. Não quero dizer aqui qual forma está certa ou errada, mas apenas citar a minha experiência na clarificação desta área em minha identidade. Para mim até então estava tudo em sua normalidade. Ordem e Progresso que são características importantes sim e eu as considero muito, porém chegando na maior economia atual do mundo, eu tive que entender como a mentalidade de um americano é formada. Me matriculei em um College para aprender mais da cultura e da língua e comecei a despertar esta área da minha identidade que ainda precisava ser mais ativada. Comecei a observar o quanto os americanos gostam dos processos e nos brasileiros da criatividade. Sempre nos viramos, somos um povo resiliente, alegre, fácil de fazer amizade e relacionamentos. Manter estas características em nossa identidade em um país mais frio, onde as pessoas são mais isoladas, é "ouro". Com a criatividade aguçada que temos, conseguimos chegar em lugares diferenciados e mostrar as nossas habilidades.

Algo que admirei muito, estudando um pouco desta região que moro, é que o "mindset" do Vale do Silício (uma região na Califórnia de maior ascensão tecnológica dos Estados Unidos), é uma característica bem marcante na região. Por aqui, errar faz parte do aprendizado e percebo que a aceitação de inovações são menos resistentes do que em outras partes do mundo. Por aqui a melhor ideia vinda de alguém trabalhando em uma garagem, é muito bem aceita. No tempo que eu ainda morava no Brasil, ainda uma ideia precisava ser uma ideia vinda de um escritório ou pelo menos ter o mínimo de "status" para ser levada a sério.

Quando eu e meu esposo decidimos empreender na América, vimos que nossa mentalidade teria que mudar, de soldados fortes para generais de guerra. Não havíamos aprendido sobre isto anteriormente e fomos atrás de corrigir e adaptar aquilo que era necessário. Tivemos que deixar crenças trazidas e adquirir novas opiniões e posicionamentos, e cada vez mais minha identidade se expandia.

4 - Como é a Minha Auto-Imagem?

Quando percebi que a forma que eu me vejo mudará todo o Jogo da Vida, minha cabeça "explodiu". Quanto mais resultados em mim mesma eu vou conquistando, mais eu vou curando a forma que eu me vejo. Se você não buscar seus resultados de evolução interna, vai ficar fingindo algo que, com o tempo, irá frustrar você mesmo. Eu passei um longo tempo de vida assim, tendo uma auto imagem distorcida a meu respeito. Isto estava muito ligado às experiências que eu tive ao longo da vida, que deram início naquela menina, cheia de rótulos como mencionei anteriormente. Eu não sabia lidar com estas situações, e para mim, as pessoas que me rotulavam eram aquelas que eu confiava, então acreditei nelas. Em muitas vezes me entristecia e eu não me achava capaz, afinal eu era "caçula e frágil". O fato de eu sempre ver meu pai muito bravo e furioso em casa, muitas vezes eu sentia medo da reação dele e isto fez com que eu me percebesse medrosa em muitos momentos e não querendo lidar com o enfrentamento.

Em alguns casos, a insegurança dos próprios pais ou avós, configuram as crianças de forma errada sobre si mesmas. Quantas vezes escutamos exemplos de professores que dizem aos alunos: *"Você é burro?"* Ou, *"Você é lerdo?"*, e aquela criança leva a crença para a vida toda. Me lembro que por volta dos meus 8 anos comecei a ganhar peso. Meus irmãos começaram a tirar sarro de mim e eu ficava constrangida. Quando entrei na adolescência, emagreci tanto que queria desesperadamente tomar alguma vitamina para ganho de peso. Tomei vitamina porque insisti muito com minha mãe, para assim tentar resolver algo que para mim estava errado. Por volta dos meus 20 anos, entrei num curso de Comissária de Voo e me formei algum tempo depois. Neste curso, além de toda uma metodologia de voo, meteorologia, primeiros socorros, engenharia da aviação, navegação, meu curso era composto também pela matéria de *Etiqueta*. Nesta grade, aprendemos como nos vestir, nos comportar, manter as unhas, colocar as meias e também eramos orientadas a manter o peso compatível a nossa altura. Isto nos anos 2000, era a composição da grade curricular do curso. Acredito que políticas como estas na aviação atual, já não fazem mais tanta relevância. Para poder manter o padrão, eu comecei a desenvolver traços de bulimia. Comia o que tinha vontade, e infelizmente logo depois colocava o dedo na garganta e induzia o vômito. Assim permaneci por um bom tempo e consegui alguns resultados de forma errada e agredindo meu próprio corpo. Passados mais de 20 anos, acredito que as exigências curriculares desde a formação acadêmica, até o ingresso as grandes companhias mudaram bastante, mas me lembro bastante como eu e colegas nos esforçamos para atender os requisitos solicitados. Me recordo que ainda no inicio dos anos 2000, participei de um processo seletivo para uma grande empresa brasileira, na época chamada *Tam Linhas Aéreas*. A exigência naquele período era tão grande que a primeira etapa do processo começava com pesagem e altura. Por 4 quilos extras do desejado por eles, não fui aprovada, e voltei no avião de São Paulo para Bahia arrasada por não ter conquistado a vaga. Cito este exemplo para entendermos que quando não temos uma identidade clarificada, podemos agredir nosso próprio corpo para atingir padrões impostos por terceiros, e não padrões que de fato nos agradem ou faça realmente feliz.

Acabei desenvolvendo inseguranças sobre meu corpo e no auge da juventude queria cobrir partes que me deixavam desconfortáveis, o que resultou em alguns prejuízos nos relacionamentos. Hoje, olhando nas fotos antigas, vejo que era totalmente equivocada a forma que eu enxergava meu corpo no espelho. Nestas experiências que passamos, muitas vezes reprimimos alguns sentimentos, o que acaba nos gerando traumas.

Mas, lembra da primeira camada da cebola que tiramos? O que Deus pensa e fala a nosso respeito? Ele não nos vê distorcidos diante Dele. Somos o projeto, pensar que somos incapazes, gordos, magros, inseguros, frustrados vão contra a natureza do que Deus planejou para nós. A forma que eu me vejo, independe das experiências que eu tive em minha vida. Temos que ter esta clareza para seguirmos em frente. Aprendi a não depender da opinião das pessoas que estão à volta dizendo, *"Vai, você consegue"* ou *"Bem, acho que você não é capaz"*. Em sua maioria, as pessoas dirão menos do que você realmente é, mas quando você gera seu próprio valor, as pessoas começam a enxergar mais sobre você de fato. Hoje não me pauto em opiniões alheias, porque um dia silenciei as vozes ao redor daquela menina e comecei a me olhar com pureza. Tudo passa a ser puro para o puro. Se você conseguir se enxergar como Deus te vê, sendo imagem e semelhança Dele, você consegue abraçar a sua criança interior e se perdoar. Eu me encontrei com a Raquel criança, disse a ela que sua imagem independe de como ela se sentiu em algum momento, que está tudo bem agora, e que ela já pode seguir rumo a novas conquistas. Lembre-se, a forma como você se vê mudará todo o jogo da vida.

5 - Como As Pessoas Me Veem?

Às vezes queremos ignorar esta "camada da cebola". Mas eu descobri que ela está presente dentro da nossa identidade. Já estamos num nível que é fato, entendemos como o criador pensa a nosso respeito, silenciamos as vozes ao redor, aprendemos a essência única que carregamos dentro de nós, retiramos todos os rótulos que colaram em nossa auto imagem. Fato é que a todo tempo temos que ter uma balança que compõe a nossa identidade. Nesta balança ao longo da vida, analisamos o que é essencial e o que é importante. Em alguns momentos surgirão "achismos" ou "falas" e a minha balança interna irá dizer: *"Isso não é essencial, não morrerei se eu não agir desta forma"*.

Mas nesta balança, entrarão questionamentos como por exemplo: *"Como meu filho me vê sobre isto?"* Ou, "Meu *cônjuge está satisfeito com a minha conduta sobre determinado combinado no nosso casamento?"* Ou ainda *"Como meu chefe espera que eu faça diante desta situação inesperada que surgiu?"* . Em cada fase da vida, nossa identidade irá fazer perguntas relevantes como estas e nossa balança interna irá medir se aquilo é realmente essencial ou importante para tratarmos especificamente naquele momento da vida. Mas jamais se esqueça, o que não for importante e essencial descarte e siga em frente.

Todas estas experiências e ações novas que fui tendo em cada camada da minha cebola, eu fui me redescobrindo. Novos gostos, novos sabores, o que me desafia, o que me move, o que não quero mais. Nesta jornada, descobri que Deus não fica olhando as nossas falhas, pronto para nos atacar ou nos corrigir. A "preocupação" Dele não está com o nosso comportamento aqui na terra, se somos bonzinhos, fazemos tudo certo, cumprimos todos nossos compromissos, mas sim com o que já representamos lá na eternidade, no nosso cumprimento de propósito de vida. E qual é este propósito? A chave é: foque na identidade e o propósito de vida aparecerá. Na clarificação da identidade o Universo apenas irá falar: "Vem, eu estou te olhando daqui".

Processo da Clarificação da Identidade

No processo da clarificação da identidade, lembre-se que você não precisa entender em plenitude, mas apenas aceitar a primeira *"camada da cebola"*, onde você é a imagem e semelhança do criador. O autoconhecimento de si mesmo será aflorado no processo.O autoconhecimento é o processo de entender profundamente quem você é, incluindo seus pensamentos, emoções, valores, crenças, forças, fraquezas e motivações. Busque no processo se observar mais e refletir sobre suas próprias experiências e comportamentos. Isto vai permitir que você tenha uma maior compreensão de como você funciona internamente e como interage com o mundo. Busque aprender com você e se redescobrir novamente, silenciando as vozes e os rótulos que te fizeram acreditar em quem você era. Comece a fazer perguntas a si mesmo e ser honesto com seu eu interior, como por exemplo: *"O que estou sentindo agora?"*, *"As crenças que tenho ao meu respeito são positivas ou limitantes?"*, *"Em que momento me sinto mais seguro e* confiante?", "*Como eu lido com o estresse e desafios?*", "*Quais meus maiores medos e de onde eles vem?*". E no autoconhecimento mais perguntas e respostas sobre si, irão surgindo. Essas perguntas te ajudarão a trazer clareza e compreensão sobre quem você realmente é. Não tenha pressa, viva o processo da sua identidade dentro de você.

No processo da clarificação da identidade, lembre-se que você também pode acessar o seu quociente intelectual com mais clareza. As tomadas de decisão passam a ser mais assertivas, porque agora você se conhece mais e saberá dizer não, pensar mais sobre determinados assuntos antes de tomar decisões precipitadamente. No quociente intelectual é onde habita a sua razão e, no processo, entendendo cada camada, você não se torna refém de uma razão fragilizada e consequentemente tomadas de decisões menos eficazes.

No processo da clarificação da identidade, as emoções começam a ser alinhadas. Sim, o quociente emocional (QE) pode ser governado e aprimorado com a clarificação da identidade. O processo de se conhecer profundamente, entender seus valores, crenças e propósitos tem um impacto direto no desenvolvimento da inteligência emocional. Quando você sabe quem realmente é, suas emoções tornam-se mais fáceis de gerenciar, e isso fortalece a sua habilidade de lidar com suas próprias emoções e com as emoções dos outros.

Não tenha pressa, mas jamais pare. Acessar de fato todas as camadas, será algo que trará respostas que você sempre buscou mas não sabia como encontrar. E quando você acessa as 5 camadas com total entendimento, aceitando quem você é. Buscando ter uma espiritualidade conectada com seu criador e se submeter a esta Forca Maior (O próprio Deus), o propósito te alcançará. Ficará mais claro o que você veio fazer nesta terra. Entenderá mais sobre seus dons e talentos e buscará formas de desenvolver as suas habilidades para melhor executá-los. Será uma viagem sem volta, onde você caminhará no sentido de ter uma alma plena e uma vida mais leve sabendo de fato para onde está indo. A partir deste momento você poderá transbordar aquilo que transformou dentro de você para outras pessoas e este sempre será o sentido da vida. Pessoas.

4

Bloqueios

Como Venci Bloqueios

Como num passe de mágica as coisas tomam forma. Dormimos de um jeito, com nossos medos, nossas inseguranças, nossos questionamentos, nossas feridas, problemas que ainda não conseguimos resolver e nem sequer achar uma solução para resolvê-los. Calma, nada é tão complicado que não possa ser resolvido. Ao acordar, você se sentirá pleno em todas as áreas de sua vida. Uma felicidade sem fim, sem choro e nem saudade. O dinheiro será menos árduo para ser conquistado, a saúde se apresenta extremamente saudável, as formas do seu corpo estarão renovadas e serão redesenhadas como na juventude. Um vento fresco soprara em seu favor e você será tomado de uma intrepidez como nunca se viu antes. Novas amizades, novos relacionamentos, novos convites. A interação com outras culturas se tornará mais fácil e, rapidamente você será compreendido e introduzido a estes costumes. Você acessou lugares e países que jamais imaginou estar e em todo tempo o reconhecimento e o valor a sua pessoa e as suas novas habilidades serão notados.

Gostou do que leu? Seria maravilhoso se todas as

coisas pudessem resolver assim. Mas vamos descer do carrossel, a vida não funciona assim. Essas coisas todas são possíveis sim, mas não haverá tarefa concluída se não fizermos a "lição de casa". Ou eu me arriscaria dizer um jargão muito popular que aprendemos desde cedo: "*Na vida, não existe almoço grátis*". Certo dia, fui indagada por uma amiga enquanto olhávamos a aula de natação de nossas filhas: "*O que você espera, um milagre?*". E aí, você estaria pronto a responder esta pergunta sem toscanejar? Primeiro vamos partir do pressuposto da palavra Milagre. Qual é o seu real significado? "*Milagre é todo ato fora do comum, que não pode ser explicado pelas leis naturais*" *(Fonte www.dicio.com.br)*. O que eu penso sobre isto? Penso que milagres existem sim. O que Jesus fez em seu ministério enquanto passou pela Terra foram milagres e prodígios.

Quem não se lembra do primeiro milagre que Jesus fez, quando em uma festa, todos comiam, bebiam e se divertiam? Parece que nesta "*big party*" que Jesus foi convidado tudo estava indo muito bem. Mas como toda festa não pode faltar um bom drink. E no auge da noite, a balada fervendo, o globo de luzes bombando, as pessoas dançando e celebrando e quando por fim pedem mais um drink ao garçom, o bar assustado mandou avisar discretamente que a bebida não foi suficiente para o número de convidados, que os cálculos foram feitos de forma errada e agora nao tem nem sequer uma "long neck" (uma cerveja) para os convidados beberem. Pense nos pais da noiva, que pensaram nos mínimos detalhes, afinal jamais poderiam faltar com os convidados e deixá-los desprovidos do "ouro da noite", o vinho. Ah que vergonha a noiva deve ter sentido, e o noivo então quando ficou sabendo, que constrangimento não ter pensado em um estoque maior de bebida para seus amigos do futebol? Jesus do céu, deve ter pensado toda a família, e agora o que faremos neste horário, os mercados fechados, os distribuidores estão distantes. Quanta vergonha! Mas de repente, Jesus, rápido como só ele em fazer a leitura facial das pessoas, nota que algo não ia bem. Sua mãe, mulher amiga da família dos noivos, percebe e pede ao filho que ajude a providenciar a bebida. Jesus até que não queria ajudar, não era a hora dele mostrar seus dons milagrosos, mas quando mãe pede o filho obedece. Então ali acontece o primeiro milagre de Jesus, ele torna a água da festa em vinho (*referência em, João 2, na Bíblia*). Constatado, milagres acontecem. A própria vida já é um milagre. Milhões de espermatozóides onde apenas 1 chegará primeiro ao óvulo (nas gestações habituais e não gemelares).

Realmente tem coisas que não teremos como explicar, mas interessante e não contarmos com milagres. Toda vez que eles surgem, alguém ou algo estava posicionado para que isto ocorra. Uma coisa que a vida me ensinou é que o milagre chegará quando estivermos posicionados, fazendo a parte que nos cabe e de repente o milagre nos alcança no meio do caminho. Tudo já está pronto, Deus nos criou com todas as ferramentas para desbravarmos o mundo. Nos deu uma mente pensante, uma consciência que nos indica caminhos, dons e talentos. Este já é o maior milagre! Cada qual usa o que tem, e o que não tem encontrará dentro de outras pessoas. Lembre-se, todos nós fomos criados à imagem e semelhança de Deus (*referência em gênesis 1:26, na bíblia*). Em nós sempre estarão as respostas de nossas perguntas. Por isso teremos que sempre fazer a nossa parte. Esperar por milagres? Não. Se ele aparecer nos encontrará durante a jornada e em movimento.

Se somos tão plenos, vindos de um Deus tão perfeito e único, que enviou seu filho Jesus Cristo para a terra como a Única Salvação para uma humanidade perdida em seus próprios achismos e opiniões, porque muitas vezes é tão difícil a busca para entendermos a nós mesmos? Foi fazendo perguntas para mim mesmo que muitas respostas foram aparecendo.

Você já esteve entre diversas pessoas onde todas aparentam estar resolvidas com a própria vida e você sente que apenas você tem uma determinada dificuldade para lidar com algo, enquanto a pessoa do lado riria de você, caso soubesse que a sua "pedra no sapato" é para ela algo tão simples de se resolver? Me parece que todos nós já vivemos uma situação assim. Melhor se calar e não dizer nada, afinal para que mostrar as minhas fragilidades para o outro se as deixo quietinha e finjo pra mim mesma nem me preocupar com elas? Incrível entender que a própria mente acaba fazendo isso conosco para nos proteger. Na verdade, o nosso cérebro não quer gastar energia com isto, ele quer economia, e então sussurra baixinho: *"Não se exponha mais, fique em silêncio para você não sofrer. Eu cuido de você!"* Bingo! Está armada a cilada da nossa mente contra nós mesmos, nos impedindo de viver a vida plena que tem separada para cada um de nós. *"Bloqueado com sucesso!"*

Na vida, passamos por diversos momentos e fases, e em cada um deles temos as nossas experiências. Já sabemos que podemos ser filhos do mesmo pai e da mesma mãe, morar na mesma casa, se alimentar da mesma comida, ter a mesma educação que a outra pessoa criada da mesma forma que nós, mas as experiências que tiramos de cada evento serão sempre únicas para cada um. Nas experiências que passamos, sentimos emoções e estes eventos emocionais que passamos podem nos levar a bloqueios por toda uma vida. Diferentes dos traumas emocionais, que tem um impacto maior dentro dentro da pessoa e configura como uma verdade quase que absoluta na mente emocional de alto impacto sobre o que você viveu.

Já os bloqueios emocionais, são episódios mais simples que podem acontecer no dia-a-dia e que geralmente são considerados episódios simples, e muitas vezes até rotulados por outras pessoas como episódios "idiotas". Esses bloqueios podem até parecer "idiotas" quando escutamos a história de outras pessoas, mas quando se trata de nós mesmos, os prejuízos podem ser mais sérios e afetar diversas áreas ao longo de nossas vidas.
Todos nós passamos por bloqueios na vida, mas sempre cito um fato que foi marcante na minha casa.

Quando eu comecei a olhar mais para alguns comportamentos que eu tinha e nem prestava atenção, comecei a me fazer perguntas do tipo: *"por que tenho uma inquietação toda vez que tenho que me encontrar com pessoas?"*. *"Por que ajo dessa maneira toda vez que sou contrariada pelo meu esposo?"*. *"Por que sinto a necessidade de ter o domínio de todas as coisas que acontecem com meus filhos?"*. E foram centenas e centenas de perguntas a mim mesmo. O fato marcante é que meu esposo "batia no peito" e dizia: *"Eu sempre fui tranquilo pra essas coisas... Graças a Deus não tenho bloqueio nenhum"*. (rsrsrsrs...). Geralmente são estes tipos de pessoas que possuem mais bloqueios. E eu acabava dividindo as minhas descobertas pessoais com ele, e à medida que o tempo ia passando, ele começou a perceber que de fato bloqueios na vida fazem total sentido e por fim ele encontrou tantos que tanto eu como ele ficamos surpresos. Isto acontece porque numa vida terrena que passamos, cheios de eventos a todo momento é quase que impossível chegarmos até aqui sem termos sidos bloqueados por algo.

Afinal, é possível eu fazer meus próprios desbloqueios? Só se torna possível, quando olhamos para nós mesmos e fazemos perguntas para aqueles comportamentos que nos incomodam ou que acabam nos trazendo prejuízos com outras pessoas. Na maioria das vezes alguém que pode te sinalizar de comportamentos errados que você carrega é um cônjuge, ou um pai ou mãe, ou amigo próximo, mas ninguém será capaz de mudar uma situação se nós mesmos não queremos mexer com isto.

Bem, eu quis mexer com isto.

Quando descobrimos de fato quem somos, não conseguimos mais avançar sem buscarmos o enfrentamento daquilo que quer nos travar ou que tentou em algum momento. Costumo pensar que somos como uma engrenagem e em algum momento esta engrenagem trava. Esta trava faz com que o nosso cérebro não funcione naquela área. Muitas vezes você começa a travar em várias áreas da vida e não sabe o que está acontecendo. Deus nos criou para sermos livres. Desde bebês já chegamos configurados para a liberdade. Então somos inseridos num meio onde os nossos pais vão nos moldando a realidade em que eles vivem.   Nosso cérebro vai adquirindo novas configurações e, as inseguranças dos nossos cuidadores, passam a nos bloquear em diversas áreas, das quais fazemos o que fazemos simplesmente porque fazemos. Vou te contar algo simples que aconteceu comigo e nunca havia percebido que era uma configuração que meu cérebro recebeu e eu apenas passava adiante, até o dia que decidi fazer uma pergunta sobre *"por que eu estou fazendo desta forma?"*.

Quando vim morar nos Estados Unidos com meu marido e filhos, aprendi desde cedo que teria que ser mais ágil com os meus afazeres domésticos, pois a vida é muito corrida e dinâmica por aqui. Não gosto desta fala americana: *"Time is Money, baby!"* (Tempo *é* dinheiro, bebe!), mas por aqui ela acontece. Sempre após lavar e secar as roupas da família, eu aprendi que toda peça íntima deveria ter uma dobra especial. Primeiro que eu deveria esticar a peça, dobrar a parte inferior para dentro, depois fazer com que as laterais se encontrassem ao centro, para então, peça por peça fechada, colocá-las prontas na gaveta do closet. Quando sempre organizava os armários das crianças, comecei a notar que o momento de dobras das roupas íntimas geralmente me incomodava e começou a se tornar para mim a pior parte do dia. Comecei a me questionar o por que se aquilo era tão entediante de ser feito, porque eu continuava fazendo? Minha mente queria me proteger, então dizia pra mim mesma, *"é por que são peças delicadas que precisam ser dobradas desta forma, porque só assim estarão organizadas."* E as perguntas em meu cérebro continuavam, *"Mas por que apenas desta forma as peças íntimas ficam organizadas?"*. E a mente tentando me proteger: *"Porque assim sobram mais espaços nas gavetas e estarão melhor apresentáveis"*. E eu continuei fazendo pergunta para meu cérebro: *"Mas por que voce acha que apenas desta forma estas roupas ficarão apresentáveis? E a mente: "Porque assim ficarão mais bonitas"*. E eu, *"Mas quem me disse que assim é o mais bonito?"*. E minha mente insistia, *"Porque é assim que todo mundo faz"*. E eu questionei novamente meu cérebro, *"E quem é este todo mundo que me ensinou a fazer assim?".* Minha mente, *"Bem, acho que apenas uma pessoa faz assim e assim é o melhor para você.* E eu para meu cérebro, *"Opa, se sempre fico entediada fazendo isso, perco muito tempo, tiro momentos preciosos de estar com minha família tendo que fazer estas dobras, como isto então é o melhor pra mim?"* Então eu confrontei novamente meu cérebro e disse: *"Não, isto não é bom pra mim, não aceito mais agir desta forma. Reveja uma forma de ser rápido, agradável e bom para que eu possa executar!"* A partir daí, configurei meu cérebro para funcionar da forma que funciona pra mim nesta fase da vida. Comprei pequenas caixas forradas com tecido, com estampas lindas, no tamanho proporcional as peças, e em cada uma delas eu apenas colocava-as abertas, com uma simples passada de mão para permanecerem sem rugas e, uma a uma eram colocadas em cima das outras apenas unidas pelas cores. Uma forma rápida, ágil, sem dobras, com sobra de tempo para usar com quem amo, com lindas caixas individuais para cada membro da família.

Este é apenas um pequeno exemplo que, muitas vezes, somos programados para desenvolver certos tipos de comportamentos e passamos anos repetindo as mesmas coisas no dia a dia e não nos damos conta do quanto aquilo não nos faz bem. Outro dia conversando com uma amiga, notei que ao terminar o jantar, ela rapidamente se levantava e já começava a recolher os pratos e talheres para imediatamente colocá-los na lava louças. Presenciei momentos assim mais de uma vez em sua casa e comentei com ela que observasse mais como as pessoas estavam ao final das refeições. Ela observou e notou que as pessoas estavam mais descontraídas, conectadas uma a vida das outras, mais felizes e risonhas, e era neste exato momento, que ela estava reunida com quem mais amava, que sua mente a lembrava que deveria se levantar e imediatamente retirar pratos e talheres e já colocar na lava-louças. Imagine ao longo de uma vida toda, quantos momentos felizes à mesa com a família e amigos que ela quebrou, levantando-se e indo cuidar da limpeza das louças porque seu cérebro foi configurado para fazer desta forma a vida inteira? E ela não se dava conta que o marido e filhos gostariam de tê-la por mais tempo ali sentada com eles, dando gargalhadas após o jantar! Quando esta chave foi virada, ela começou a fazer perguntas para si mesma e percebeu que este comportamento não fazia bem a ela e nem à sua família. Começou a compreender que isto retirava dela momentos de comunhão, mais conexão e desfrute com quem ela mais amava. Fazendo mais perguntas para si mesma, ela conseguiu chegar no momento exato que causou tudo isto.

A causa foi justamente a seguinte: quando ela ainda criança recebeu amigos de seus pais em casa para um almoço, ao final da refeição, todos estavam felizes e ela estava muito concentrada nas histórias hilariantes que o amigo de seu pai contava. Enquanto ela dava altas gargalhadas, de repente ela recebeu publicamente uma repreensão de sua mãe na frente de todos, a qual já estava retirando pratos e talheres da mesa, e pediu com um tom de voz "ácido" que ela se levantasse e fosse imediatamente ajudá-la na cozinha. Ela disse que naquele momento ficou tão rosada e envergonhada com a repreensão da mãe, que saiu da mesa toda constrangida e profundamente triste, enquanto via seus irmãos e as visitas ainda sentados se divertindo com as resenhas contadas. Ela entendeu depois de conversarmos, que aquele momento foi tão constrangedor para ela que seu cérebro se bloqueou e que ao final das refeições, ela deveria cuidar prontamente da limpeza. Então eu pude mostrar a ela que se isto lhe fazia mal e as pessoas ao redor queriam a presença dela por mais tempo a mesa, ela poderia se desbloquear deste evento e ser livre nesta área para fluir mais nestes momentos sociais. Ela conseguiu se desbloquear. Claro que isto tudo não aconteceu numa única noite de conversa, foram vários momentos inadequados que seu vício por limpeza ocorreu, mas o diferencial, foi ela ter conseguido encontrar a raiz, fazendo perguntas para si mesma até chegar na causa, daquilo que se tornou um problema para ela. Você pode se perguntar, mas como se faz o desbloqueio quando se encontra a causa do problema? Bem, como já mencionei no prefácio deste livro, não sou médica e nem mesmo uma neurocientista por enquanto, mas testei em diversas áreas bloqueadas de minha vida, que citarei a seguir, e constatei que realmente funciona.

Primeiro, partir deste versículo bíblico que tantas vezes repeti ao longo da minha vida, mas nunca o havia entendido em sua real essência. Então vou compartilhar minha experiência com você.

"Não se conforme com o que você vê neste mundo, mas se transforme e evolua renovando a sua mente, e então só assim você vai conhecer qual é a boa, agradável e perfeita vontade que Deus tem como propósito para sua vida. (texto de Romanos 12:2)".

Para eu não me "conformar com que eu estava vivendo neste mundo" (como diz a primeira parte do texto acima", eu tive que fazer perguntas para mim mesmo. Aquilo que eu percebia que me trazia prejuízos na vida (seja nos relacionamentos, seja algum descontrole emocional, seja como eu enfrentava os problemas) ou prejuízos para quem estava ao meu redor, eu começava a questionar os meus comportamentos e os efeitos que eles traziam. Quando eu achava os efeitos, continuava a fazer perguntas para mim mesma sempre confrontando meu cérebro por que agia desta forma? Até que consegui me lembrar da causa. Quando encontrei a causa, pensava muito naquela cena onde eu fui bloqueada. Voltava com minha mente ao lugar da cena, sentia o cheiro ao redor, a emoção que estava sentindo naquele momento, tentava com minha imaginação reproduzir o mesmo cenário que eu havia vivido daquela época. E então aplicava um segundo versículo milenar que sempre repeti tantas vezes, mas nunca o havia entendido em sua real essência: *"Ire-se com o que estiver errado, mas não precisa ser a tal ponto de fazer o mal a alguém ou a si mesmo. (texto bíblico em Efésios 4:26).*

Agora preste atenção:

Na cena que fui bloqueada, gerava muita ira, mas muita ira por ter ficado presa com meu cérebro com aquela situação (este é o passo 1). Talvez no momento da ira você grite, fique extremamente zangado e furioso. Cito isto porque aconteceu comigo na maioria das vezes, porém isto será apenas entre você e seu cérebro. Depois de profunda ira em minha mente por ter vivido aquele episódio, eu reseto aquela situação gerando uma nova imagem para minha mente. Agora eu continuava no mesmo lugar com minha imaginação, com minha mente no mesmo lugar da cena, sentindo o mesmo cheiro ao redor, porém refazia agora uma NOVA CENA, exatamente como eu queria que tivesse acontecido, uma cena totalmente oposta da que eu havia vivido (gerar nova cena, este é o passo 2). Na Nova Cena, eu coloco com minha imaginação exatamente como deveria ter acontecido, a forma correta onde eu me sentiria confortável, amado. Lembro a você que bloqueios podem acontecer em qualquer momento da vida, não apenas na infância, mas quando adultos também, e até hoje quando enfrento episódios de dor ou constrangimento, que percebo que querem me bloquear, volto ao lugar da cena com minha mente e reprogramo uma nova imagem para nunca mais sentir a dor ou emoção negativa daquele momento.

Não entendeu ainda como posso fazer meu próprio desbloqueio? Volte o parágrafo acima e releia quantas vezes for necessário.

É possível se desbloquear? Sim é possível porque com o passar do tempo descobri que nosso cérebro não sabe distinguir o que é real do que é imaginário, então posso registrar nele a informação que eu quiser, e acabei fazendo isto por muitas vezes sem ainda ter conhecimento de que cientificamente isto é possível.

Artigo:

"Nosso cérebro trabalha constantemente para distinguir entre imagens percebidas e imaginadas. Estudos de varredura cerebral mostram que ver e imaginar algo ativam padrões neurais semelhantes. Porém, na maioria das vezes, o que percebemos e o que imaginamos são experiências subjetivas distintas.
Uma pesquisa recente liderada por Nadine Dijkstra, da University

College London, sugere que o cérebro avalia imagens com base em um "limiar de realidade". Se a imagem ultrapassa esse limiar, é percebida como real; caso contrário, é vista como imaginada. Isso se torna interessante porque, na maioria das vezes, as imagens imaginadas são fracas. No entanto, se uma imagem imaginada for suficientemente forte, o cérebro pode interpretá-la como realidade. O estudo de Dijkstra foi inspirado em trabalhos anteriores, como o experimento de Mary Cheves West Perky em 1910, onde participantes eram instruídos a imaginar frutas enquanto olhavam para uma parede em branco. Perky projetava imagens extremamente fracas das frutas na parede sem o conhecimento dos participantes, que frequentemente comentavam o quão vívida sua imagem imaginada parecia.

A pesquisa sugere que, por vezes, a imagem em nossa mente e a imagem real percebida no mundo podem se misturar. Quando esse sinal misturado é forte ou vívido o suficiente, tendemos a acreditar que ele reflete a realidade.

(Dados extraídos do "World Neurotechnologies Forum",
https://wnf.global/a-diferenca-entre-real-e-imaginado-pelo-nosso-cerebro/)

Bem, se até mesmo as pesquisas de neurociências comprovam que podemos transformar memórias com novas imaginações, vamos usar isto a nosso favor. Com o tempo comecei a perceber que se eu quiser resolver meus bloqueios de forma rápida e objetiva, vou tratar o efeito daquele momento, mas com o tempo o "problema" continuará por lá e não terei encontrado a origem do bloqueio de fato. O que me ajudou e sempre respondo quando me questionam foi, fazer perguntas sobre o meu comportamento para mim mesma. O problema estava ali me incomodando, então tive que aprender a gostar deles para poder ser recompensada pela liberdade de uma nova evolução em mais uma área de minha vida. Sem resolvê-los e almejar a recompensa da liberdade nesta área, não consigo viver de fato a segunda parte do *texto bíblico*: *"...só assim você vai conhecer qual é a boa, agradável e perfeita vontade que Deus tem como propósito para sua vida. (Texto bíblico em Romanos 12:2)".*

Hoje sabemos que 99% que tenho em meu cérebro é inconsciente e perante um acontecimento, meu inconsciente (onde armazenei grande parte de minhas memórias ao longo da vida) irá reagir antes do consciente que trabalha com apenas 1% de todos os nossos estímulos sensoriais percebidos. Lembre-se que o nosso inconsciente está ali para nos proteger e trazer bem estar, então ele será um perfeito esconderijo dos nossos bloqueios. Então para encontrá-los, teremos que olhar para o efeito, que são os comportamentos que desenvolvemos baseados na crenças que formamos ao longo da vida, como valores que damos às coisas ou pessoas, referências que tivemos do comportamento de nossos pais ou amigos ou tios ou avós, a cultura que estivemos inseridos durante boa parte da vida ou comportamentos que adquirimos através dos grupos sociais que frequentamos. Se algo que você manifesta hoje te incomoda, não condiz mais com sua forma de pensar ou de visão de mundo e já não é mais adequado com aquilo que somos ou queremos ser, faça perguntas a você sobre isso e busque o que causou o evento para promover o desbloqueio e enfim ser livre nesta área cerebral.

"Até você se tornar consciente, o inconsciente irá dirigir a sua vida e você vai chamar isso de destino".
(Carl Gustav Jung - psiquiatra suíco nos anos 1930)

Bloqueio com Multidão de Pessoas

Eu tinha dificuldade de estar entre a multidão. Eu aprendi desde cedo a falar em público, encontrar as pessoas, ser simpática e agradável com os outros ao redor.

Enquanto eu estava em uma interação social, tudo fluia facilmente. Eu me entregava ao momento presente e fazia isso muito bem. Desde nova, estava inserida em uma família onde éramos pessoas públicas em uma comunidade de cerca de 150 pessoas. Vi muito pequena, papai e mamãe serem expostos diante de plateias, palestrando para multidões e sempre ocupando cargos e funções onde lideram pessoas. Olhar e imitar o que eles faziam, nunca foi uma dificuldade para mim, até que eu cresci e, algumas formas que eu percebia mudaram. Comecei a observar que, toda a vez, antes de me encontrar com pessoas passei a me preocupar em o que iria falar, como iria agir, imaginava quem estaria, o que falariam. Isso começou a gerar dentro de mim, ao invés de um momento de prazer, com pessoas geralmente que eu gostava de estar, poder fazer novos amigos, me encontrar com gente nova, comecei a perceber que ficava cansada antes de estar com eles. Não entendia por que eu agia desta forma. Em algumas situações tentava até evitar se possível, e me sentia aliviada quando alguma reunião fosse cancelada.   Então comecei a perceber que isto não estava certo. Não tinha vivenciado nenhum constrangimento público, sempre apresentei habilidades com platéias, mas lá no fundo eu queria evitar muitas pessoas ao mesmo tempo. Até mesmo uma reunião de família e parentes para mim começou a não fazer mais sentido, eu não encontrava prazer antes de estar com eles. Comecei a fazer perguntas para meu cérebro do que poderia estar ocorrendo, talvez um transtorno de ansiedade ou uma fobia social que estava a caminho. Por que o sofrimento para estar entre pessoas que eu amava? E as perguntas para mim mesmo não paravam. E foram vários dias de perguntas. Eu queria ter respostas. Foi então que eu me lembrei que com cerca de 10 ou 11 anos, eu participava de uma assembleia em uma das reuniões da igreja local que nossa família fazia parte. Nesta assembleia, a pauta era a "remuneração do cargo de pastor". Enquanto eram discutidos possíveis valores, uma plateia de cerca de umas 80 pessoas avaliaram as competências do pastor e se era viável uma remuneração maior ou não.   Enquanto isso, meu papai, que ocupava essa função na época, o cargo de pastor, permanecia em pé diante da plateia, sem falar uma única palavra, e apenas escutava o que diziam. De repente, o pai de minha amiga se levantou entre a multidão e externou o porque não concordava com um ajuste na remuneração pastoral. Começou a trazer sua opinião de que um aumento seria inapropriado pois já estava "muito bem adequado" o que o cargo recebia mensalmente e que não havia nenhuma meritocracia para tal aumento acontecer. Enquanto ele falava, meu coração começou a se encher de tanta raiva daquele homem, o qual perseguira meu pai por longo tempo tentando tomar a sua posição ou atrapalhar o andamento das coisas por questões emocionais internas que ele carregava. Eu, sentada naquela plateia entre aquelas 80 pessoas, fui tomada de mais raiva e ao olhar meu pai ali exposto sem falar nada, me enchia de compaixão de alguém que eu vi tantas vezes se dedicar a comunidade com tanto zelo e paixão, e muitas vezes deixar eu e meus irmaos em casa, porque tinha trabalhos extras para cumprir na agenda, e tudo em prol daquelas pessoas que estavam sentadas e observavam tudo, e a maioria se calava e não o opinaram vendo tal cena. Me lembro que comecei a chorar.

Era uma pequena menina vendo pessoas maltratarem seu pai. Esta era a visão de uma criança sem ao menos entender como tudo aquilo funcionava. Minha amiga ao lado percebeu que eu chorava muito e preocupada, pegou em minha mão e me tirou daquele lugar. Me acompanhou até o banheiro e lá eu pude chorar de raiva profundamente. Naquele dia minha raiva foi tão grande pela a forma que trataram meu papai, que eu quis não pertencer mais aquele grupo de pessoas. Tive raiva de quem desmereceu e contestou um aumento para o cargo e ódio daqueles outros sentados na plateia que não falaram nada em defesa do seu líder. Realmente, o silêncio dos bons me machucou. Ali eu entendi que o meu coração se fechou para as pessoas. Talvez eu não deveria ainda tão pequena estar participando de assembleias com assuntos tão pertinentes. Talvez a forma que muitas comunidades nos anos 1980 e 1990 conduziam pautas tão relevantes, com exposição e constrangimento, eram maneiras extremamente inadequadas para qualquer tipo de funcionário, exercendo habilidades em qualquer setor. Os "talvez" ou "por quês?" nós sempre teremos, porém o foco não pode mais ser este, mas sim em resolver a situação. Enfim, o retrato daquela emoção negativa sentida, em defesa de alguém que eu amava, me deixou bloqueada. Para mim ficou claro que a multidão era falsa. Eu não poderia mais confiar e me agradar em estar entre as pessoas. Esse episódio me trouxe prejuízos até a fase adulta e vou te contar porque.

Aos 24 anos, trabalhei em uma grande Companhia e tive a possibilidade de crescer nos cargos e alcançar a função de chefia. Cheguei a liderar 44 colaboradores como supervisora de equipe e em muitos momentos tive vontade de desistir, achando que eles poderiam se unir contra mim e me acusar por coisas que eu não fiz. Liderei com muita competência a equipe por cerca de 5 anos, e fui várias vezes reconhecida pela coordenação, honrada e recebi muitos prêmios por atingir metas e superar desafios, mas nunca tive uma liderança livre dentro de mim. Minha mente bloqueada com pessoas, sempre me acusava que algo ruim em algum momento poderia acontecer.

Estou te contando este caso apenas porque este foi um dos bloqueios que eu tive que vencer. Dificuldade de relacionamento com multidões. Não era ansiedade, não era fobia, mas um bloqueio que começou lá atrás. E que era algo que eu fazia tão bem, estar entre as pessoas, mas fique atento que seus bloqueios sempre terão intimidade com seu propósito de vida. Atualmente sou uma mulher que adora estar com pessoas e isto me faz bem.

Para eu gostar de estar com gente e me sentir bem, eu tive que fazer um desbloqueio. Lembre-se que seu cérebro não consegue distinguir o que é real do que é imaginário, então baseado nisto eu fui tratar de mudar esta situação dentro de minha mente. O fato aconteceu? Sim, mas é possível mudá-lo. O primeiro passo foi mudar a cena que me fez tão triste emocionalmente e bloqueada nos meus 10 anos de idade. Como já havia feito perguntas pra mim e consegui encontrar a causa, voltei então com minha imaginação para o dia que aquela assembleia aconteceu. Refiz primeiro toda a cena real da infância, gerando muita raiva pelo o que acontecera. Gritei todas as palavras de ódio que minha alma pediu para aquele episódio, para que meu cérebro entendesse o quanto eu desaprovei este evento. Gerar raiva com toda a força possível, fará com que você não queira mais aquilo dentro de si. Nesta hora vale fechar os olhos, gritar, xingar e se irar com toda fúria que puder depositar para esta situação. Lembre-se: *"Ire-se com o que estiver errado, mas não precisa ser a tal ponto de fazer mal a alguém ou a si mesmo. (texto bíblico em Efésios 4:26).* Após irar-se profundamente com o episódio, você pode construir uma nova cena que gostaria que ficasse registrada pra sempre em sua mente.

Vou descrever para você a nova cena que eu refiz: Eu estava sentada naquele mesmo banco de madeira ao lado de minha amiga inseparável e juntas compunhamos o auditório com aquelas 80 pessoas. Eu comecei a olhar para os lados e o semblante das pessoas era mais agradável e o clima naquele recinto parecia leve e bem otimista. O tesoureiro da assembleia começou a sugerir um aumento na remuneração para o cargo pastoral e o pai da minha amiga pediu a palavra. Ele se dirigiu até a frente de todos, colocou uma das mãos no ombro do papai e começou trazer uma narrativa totalmente inversa do que falava anteriormente. Agora ele era amistoso e propôs que todos concordassem acerca do reajuste para uma porcentagem muito além do que a princípio proposto. Honrou publicamente a grande competência que papai realizava no seu trabalho diariamente, quantas transformações ele havia proporcionado na vida de famílias e o quanto de renúncia ele fez a si mesmo e a própria família para estar muitas vezes servindo a comunidade, até mesmo fora do expediente, mas de forma integral com amor e devoção, aplicando seus dons, talentos e habilidades. De repente quando olhei para trás, as pessoas começaram a aplaudir o discurso daquele homem e um por um começou a dizer palavras de gratidão e meritocracia por tanto empenho. Neste momento a minha imaginação bolou um plano onde eu precisava ir ao banheiro e minha amiga foi comigo. Agora, descíamos as escadas felizes e meu coração irradiava de alegria por fazer parte daquele grupo. Eu não estava chorando mais, eu estava feliz naquele banheiro. Quando lavei as minhas mãos e me preparava para retornar ao recinto, eu comecei a ouvir um grito em uníssono como que dizia "gratidão, gratidão, gratidão" e aquilo me chamou a atenção. Rapidamente subi os degraus e me deparei, ainda do lado de fora, com uma multidão que saía feliz da igreja e enquanto caminhavam, jogavam meu pai para cima por diversas vezes como homenageando a grande pessoa que ele é e representa como liderança. Meu coração explodia de tanta alegria, porque naquele momento não vi meu pai sendo constrangido publicamente, mas ele estava sendo honrado pela mesma multidão que não o apoiou, mas que agora gritavam "gratidão, gratidão, gratidão". Esta cena foi tão emocionante positivamente pra mim que meu cérebro acreditou. Ela foi construída nos mínimos detalhes por mim com situações agora de prazer. Desta forma eu pude olhar aquelas pessoas e confiar nelas novamente. Eu pude sentir como é prazeroso estar com pessoas e que elas não machucam mais como antes. Eu pude gravar uma NOVA CENA de um fato que um dia foi tão negativo pra mim e que agora não é mais. Após este desbloqueio já fiz vários testes com um grupo de pessoas e tenho prazer antes, durante e depois de estar entre eles. Me sinto acolhida e quando é com pessoas novas, dou meu melhor e me sinto à vontade em estar presente.

Bem, acho que você deve estar se perguntando: *"Eu tenho alguns bloqueios que às vezes me travam também, mas não é tão fácil assim lembrar e mudar apenas colocando uma nova cena. Você deve estar maluca que isto seja tão simples assim."* Bem, eu te respondo que é. Lembre-se que 99% dos comportamentos que temos vem do nosso inconsciente e às vezes nem nos damos conta do quanto ele pode nos atrapalhar, mas quando lembramos do evento e voltamos lá para consertá-lo com uma nova imaginação, é possível sim se livrar de vez destes bloqueios emocionais e ser verdadeiramente livre nesta área.

Bloqueio de Necessidade de Aprovação

Uma menininha pequenininha está sentada à beira da escada da sala. Ela é tímida, mas observa atentamente o comentário do seu irmão acerca de um cartão do Dia do Amigo que ela havia ganhado. A melhor amiga daquela menina deu um cartão a ela e ao irmão, olhou a letra do cartão e disse: *"Nossa, que letra linda! E, além da letra, ela é mais linda do que você!"* Aquilo quebrou o coração daquela menininha frágil, cheia de temores e conflitos de identidade.

É certo que na vida sempre buscamos referências e nos espelhamos nas pessoas ao nosso redor! Meu irmão, sempre foi inspiração pra mim. Me ensinou tantas coisas da vida, me fazia rir, me ponha pra dormir, me ensinava a me vestir melhor, cantava pra mim, me amava. Seu carinho sempre foi tão terno e ao seu lado eu me sentia protegida. Como era gostoso passear com ele e ouvir suas histórias. Vi de perto seu crescimento, suas conquistas, seus desafios.

Abria meu coração ao meu modo, modo de uma garotinha de 9 anos e gostava de ouvi-lo falar sobre seu coração e sonhos também. A cada dia nossa ligação se tornava mais forte e amável. Me lembro todas as tardes, assistindo ao Show Maravilha no SBT, deitada no sofá, eu ficava na expectativa de começar o 'The Muppet Show'. Mas lá dentro do coração minha expectativa era de toda tarde ver meu irmão chegar, me abraçar e tomarmos um café com leite, molhando na xícara nosso pão com manteiga quentinho. Pra mim tudo estava perfeito. Meu protetor, meu amor, estava em casa novamente. Claro que brigamos de vez em quando, rolava uns tapas e até palavras feias, mas depois da raiva, tudo voltava ao normal.

Mas aquela garotinha frágil não foi preparada para ser comparada com sua melhor amiga. Ouvir do seu irmão e melhor amigo que a letra escrita no cartão era muito bonita e ela mais bonita que eu, feriu. Eu não sabia naquele momento lidar com aquele tipo de emoção que eu estava sentindo. Talvez inveja, talvez ciúmes, mas naquele momento algo gritou latente, você não é suficiente. Tem a escrita feia e ela é mais bonita do que você. Aquilo se fechou dentro de mim. Lembro de chorar bastante, enquanto via ele rindo lá embaixo no sofá, e eu sentada nos degraus, rasgava o cartão de raiva e chorava por não ser capaz de ser tão boa pra ele como minha melhor amiga era.

Muitas vezes quando crescemos, apenas afloramos algo que foi plantado em nossa mente quando crianças. São emoções, sensações, situações, fatos que passamos e às vezes não sabemos lidar com todos eles. Nos fechamos para aquilo que fica guardado em nosso subconsciente e no momento oportuno, o lado do cérebro que carrega nossas emoções irá nos mostrar. O tempo foi passando, a adolescência, a vaidade, os novos conceitos foram chegando e eu comecei a ter dentro de mim o famoso "Bloqueio de Aprovação". Com o "Bloqueio de Aprovação", deixamos de acreditar nas nossas convicções, nos nossos valores e nos nossos sonhos para agradar os outros. Estudando mais acerca deste bloqueio, hoje sei que no longo prazo, quem tem essa necessidade de aprovação deixa de traçar o seu próprio caminho, deixa de correr riscos e de seguir os seus instintos. O bloqueio de aprovação pode também ter impactos psicológicos e emocionais profundos, variando de reações negativas como frustração e baixa autoestima a respostas mais construtivas, como o desenvolvimento da auto-suficiência emocional, vai sempre variar de pessoa para pessoa. A maneira como uma pessoa lida com essa situação depende muito de sua personalidade, suas experiências anteriores e o contexto em que a rejeição ou o bloqueio ocorrem. Devido ao medo da rejeição e de ser julgada, a pessoa pode acabar perdendo a sua individualidade, vivendo uma vida que não é sua. Os principais motivos que podem levar alguém a ter necessidade de aprovação são: baixa auto estima, insegurança, rejeição dos pais na infância, complexo de inferioridade, vazio interior, medo da solidão, dependência emocional ou traumas.

Descobri que tenho este bloqueio, e agora o que faço?

Eu fiz assim.

Voltei para aquela escada.

A menininha de 9 anos, ferida, tímida, inferiorizada entendeu. Sem retorno ao bloqueio, é impossível rompê-lo. Eu voltei para aquela escada. Me sentei novamente naquela escada gelada, com degraus de cimento de piso vermelho, e continuei a olhar escondida meu irmão lá na sala. Ele ria e dizia: *"é, ela tem uma letra bonita e ainda é mais bonita do que você"*. Risos se ouviam. Eu me revoltei contra aquelas palavras e gerei ira contra o episódio. Não aceitei ser ressentida uma vida toda e carregar uma "pirraça" entre irmãos uma vida inteira. Me irei por ter carregado uma fala que não era verdadeira por tantos anos. Me irei por dar importância a um comentário de criança que, para a mulher adulta que eu tinha me tornado, não fazia mais sentido algum carregar. Perceba que muitas vezes os bloqueios irão parecer "idiotas" para os outros, mas jamais serão para você. Apenas você sabe o peso de levar consigo por anos uma simples fala que nunca fez sentido, e comprometer um futuro lindo que você tem pela frente, manifestando comportamentos errados e equivocados contra si mesmo.

E depois de me irar contra isso, o que foi que eu fiz?

Eu chamei meu irmão para o degrau da escada. Ele subiu, e na minha frente se abaixou e olhou em meus olhos. Tudo agora era diferente. Eu estava recriando em minha mente uma nova cena. Eu peguei as suas mãos e disse: *"Não tem mais problema, ela tem uma escrita linda e é muito bonita também. Eu tenho mãos lindas, perfeitas e criadas por Deus. O que faço com elas tem beleza, tem forma, tem brilho. A minha escrita é esplendorosa e única! Bela? Sim. Sou tão bela porque sou a imagem e semelhança do Criador. Eu sou tão parecida com o criador de tudo que nunca existirá outra beleza semelhante a minha, com meus dons e talentos. Tanto Eu como você somos tão lindos e tão tão amados que nunca mais precisaremos da opinião de outros pois quem nos fez, já nos aprovou. Voe irmão. Seja livre como eu sou. Se sinta amado para sempre exatamente como você é, pois é assim que me sinto neste momento."* Choramos de alegria e nos abraçamos. E nos sentamos ali, na escada vermelha, tão fortes e se sentindo as duas pessoas mais amadas e únicas do Universo todo. A minha mente gravou a cena de alegria que eu recriei. Eu fui capaz de recriá-la e você é capaz de recriar em sua mente qualquer coisa que quiser. Siga os passos, isto é possível. Esta foi a nova cena que recriei em meu cérebro para reconstrução do meu bloqueio. Crie a sua.

Quando você se sente amado, jamais precisará de aplausos de outros em sua vida! Entenda isto e caminhe seguro. *"E conheças o amor de Cristo, que excede todo o entendimento, para que você seja cheio de toda a plenitude de Deus (texto bíblico em Efésios 3:19)".*

Bloqueio de Autoridade

Ausência de um Pai que estava presente. Como assim? Isto mesmo, presente porém ausente.

Aquela garotinha continuava a crescer, se desenvolver, ser curiosa, querer o mundo, e sempre querer ser amada. Um homem eu ainda não conhecia de verdade, afinal quando crianças não temos experiências com outros homens (seguindo os padrões normais), então idealizamos a figura paterna como nosso "príncipe encantado". Comigo não foi diferente. Eu olhava para aquele homem, de cerca de 1 metro e 80 centímetros, extremamente elegante em qualquer dia da semana. Ele usava calças bem passadas, camisas de botão sempre limpas e cheirosas, meias sociais que combinavam com a calça e sapatos fechados, engraxados, limpos e combinados com cintos na cintura. Ele é vaidoso. No bolso da camisa jamais faltaria uma pequena escova para pentear os baixos cabelos crespos e mantê-los exatamente no devido lugar. Os óculos que usava eram sempre limpos e compunham o formato do rosto. Também acompanhava a moda quando possível. Me lembro de um momento em que um dos seus amigos americanos levou para ele, direto dos EUA, lentes escuras que se fixavam na armação do óculos e tornava aquele óculos em óculos de sol. Quando ele fosse para a sombra, bastava levantar aquelas abas, e o óculos voltava a cumprir a função original. Era um espetáculo para a época, ninguém mais tinha e ele todo cuidadoso jamais deixaria alguém pegar ou mexer. Mas quando eu via aquele homem de pele preta, de lábios finos, com um sorriso maravilhoso e dentes perfeitos usando aqueles óculos escuros, achava o Homem mais lindo do mundo e tinha a convicção que aquele era o meu "príncipe encantado", meu "super-herói". Papai liderava uma Comunidade de cerca de 120 liderados. Ele sempre teve um apreço com a aparência, afinal representava aquelas pessoas onde fosse. Teve sempre do lado uma esposa amável e muito dedicada ao seu lado que, a qualquer preço, estava ali para ajudar, amparar e servir no que fosse preciso. Papai era de uma reputação intocável. Daqueles que o nome vale mais que qualquer coisa. Ele era bom em servir pessoas, excelente pagador, um dos melhores mestres que já vi, bom conselheiro, muito responsável com sua agenda e marcou positivamente a vida de muitas pessoas que passaram em seu caminho, das quais escutamos relatos do seu legado até os dias de hoje. Extremamente honesto e cumpridor dos seus compromissos. Algo que eu sempre admirei em papai foi sua inteligência. Além de um grande explorador de seus sermões, ricos em detalhes e muito profundos, formado em teologia, em convenções, associações e diligências, ele sempre foi um excelente professor de academias de seminários nacionais, mais um dos ofícios que executava com as mais diversas idades e públicos.

Me lembro certa vez, quando nos mudamos para Salvador, na Bahia, eu fiquei impactada. Meu pai me levou no Pelourinho (centro histórico da cidade) e começou a me contar sobre cada cantinho daquela região. Entramos em todas as igrejas católicas e ele me dizia com uma riqueza de detalhes sobre cada pintura, objeto, móvel, quem tinha feito, a origem do material usado para fazer determinado azulejo, datas importantes da fundação de determinados patrimônios. Visitamos casas antigas, onde passaram famílias coloniais e ele sabia de cada situação que havia ocorrido naquele determinado lugar. Conhecemos um chamado *Mercado Modelo*, tradicional e muito importante na Era das Embarcações onde na parte subterrânea do mercado, havia uma área onde escravos eram trazidos como tráfico para serem negociados por grandes senhores de engenho. As histórias e todos os detalhes que o meu pai conseguia contar, me faziam viajar até o local onde de fato as coisas aconteceram e sempre eu aprendia muito com isso. Realmente as histórias de papai ativaram ao longo de minha infância a minha imaginação. Tenho certeza que a minha paixão por história veio dele. Até hoje, quando visito algum lugare, gosto de estudar um pouquinho sobre a origem do local e documentar em alguma rede social.

Assim aprendi também muitas histórias da Bíblia e dos povos primitivos. Meu pai tinha um estudo fantástico sobre os Tabernáculos e as Tradições Judaicas que eram apaixonantes e marcou a vida de muitos mentorados que passaram por ele. Como não admirar um pai assim. Entre outras mais, o Sr. Odair Teixeira, meu pai, tem inúmeras qualidades.

Eu ia crescendo e cada vez mais apaixonada pelo meu pai. Em algum momento, talvez entre os seis ou sete anos, comecei a notar que ele não estava sempre lá para mim. Afinal, eram tantos compromissos e pessoas que demandavam atenção a ele e hoje entendo que isto o sobrecarregou um pouco. Desde a década de 70 meu pai já liderava muitas pessoas e apenas em 1997 veio ter uma primeira secretaria direta, que o apoiava em sua agenda e compromissos, o que prova o quanto ele teve que se esforçar sempre para manter tudo no lugar.

Na época seu escritório de trabalho era em casa, e os atendimentos que prestava as pessoas também eram feitos em nossa casa. Lembro que sempre busquei a sua atenção. Olhava aquela porta do escritório sempre fechada e queria entrar para dar um abraço nele, ou apenas só para contar alguma novidade, mas *"Silêncio, seu pai está preparando os sermões e não pode ser incomodado"*. Era que a maioria das vezes escutava pela casa. E o dia ia passando, e conseguia olhar nos olhos do meu pai apenas quando chegava nas reuniões da igreja ou quando ele já estava tomado de pessoas ao seu redor. Para aquela garotinha cheia de sonhos e imaginações era difícil segurar um abraço ou não poder pular no colo dele, pois sempre estava ocupado.

No momento em que estávamos em casa, ele sempre estava trabalhando ou muito cansado. E a porta do escritório sempre ficava fechada, o que como resultado, hoje na fase adulta, não consigo manter fechada quase nenhuma porta em minha casa, preciso sempre mantê-las abertas pois quero muito que meus filhos tenham acesso a qualquer momento e a qualquer pessoa na hora que precisarem. Foi tão interessante que neste exato momento enquanto escrevia a frase anterior deste livro, minha filha de 8 anos, Sarah, entrou no quarto, me pediu que eu parasse com meu trabalho e me fez dançar com ela um hit que acabara de encontrar no seu IPad. E assim fizemos juntas. Dançamos para descontrair, o que me deixou muito mais energizada para continuar a minha escrita. E permaneço assim, sem portas fechadas até nos momentos que escrevo meu livro.

Conseguia ter acesso ao meu pai nas horas das refeições. Mas que ironia do destino, durante as refeições o silêncio era pedido à mesa. Na geração e no contexto que meu pai foi criado era muito comum não manter conversas à mesa. *"Hora de comer é hora de comer"*, segundo o papai daquela época. Isto me frustrava bastante enquanto pequena. Hoje já posso fazer o inverso em minha casa e com meus filhos, e sempre estimulo toda a família a "abrir o coração" quando estamos sentados à mesa.

O tempo ia passando, e meu pai cada vez mais sobrecarregado com seu trabalho. Isto o deixava irritado e muitas vezes sem controle emocional. Por diversas vezes o via em casa com o semblante fechado e muitas vezes sendo duro com minha mãe e meus irmãos com palavras. Como a irritabilidade e o semblante sempre fechado do meu papai começou a se tornar cada vez mais frequente dentro de casa, comecei a me fechar e a ter medo dele. As vezes queria evitá-lo, pois não sabia como estava o seu humor naquele momento. Muitas vezes via ele falando de forma grosseira com a mamãe e isto me causava profunda raiva. Comecei a cada vez mais ter medo e receio de ter conversas mais profundas com papai, por medo de ser chamada atenção.

Meu amor por ele continuava, e sempre senti o amor dele por mim. Falta de amor nunca foi, mas gostava mais do papai dos palcos, do que do papai de casa.

O que começou a se tornar pesado para aquela menina, é que ela era a "filha do pastor" e deveria ser exemplo para todos. A roupa que eu vestia, o cabelo penteado, o comportamento e aos poucos eu fui entrando em um padrão que eu mesma criei em minha mente para poder ser aceita, sobre o qual falarei logo mais. Mas papai sempre continuava muito rígido. Me lembro certa vez de estar arrumada, pronta para ir com ele e mamãe para uma de nossas reuniões. Ele havia se zangado muito com mamãe tratando-a grosseiramente e eu quis entrar no carro rapidamente e em silêncio para não ser notada, pois estava assustada. Ao sentar no banco de trás, ele me olhou pelo espelho retrovisor com um rosto extremamente enfurecido e sobrancelhas levantadas como se me reprovasse ou me odiasse. Aquilo foi tão forte pra mim, que marcou o meu coração. Ali foi instalado mais medo ainda da figura paterna e comecei desde então a associar medo a "figuras de autoridade".

Ao longo da vida me relacionei muito bem com professoras, amigas de minha mamãe, amigas de meus irmãos, tias, avó. Mas no primeiro momento que tive um professor homem , na aula de educação física, isso me causava medo e muita vergonha. Enquanto minhas amigas cochichavam o quanto o professor que chegara na escola era lindo, simpático e agradável, minhas pernas tremiam e me faltavam palavras até pra dizer como era meu nome quando estava na frente dele. Realmente ele era lindo, mas o fato de me retrair toda vez que via um homem na liderança, me prejudicou ao longo da vida. Comecei a desenvolver medo e vergonha com figuras de autoridade masculinas. Medo de simplesmente eles serem bravos comigo, me tratarem de forma grosseira, fecharem o semblante pra mim quando me vissem, me fazia muitas vezes eu não confiar em mim mesma na presença deles.

Assim na fase adulta, não conseguia desenvolver bons relacionamentos com chefes masculinos, apresentei dificuldades de me expressar com professores homens e receio de me encontrar diante de bombeiros, policiais, palhaços e até do papai noel. Parece piada estes dois últimos não é mesmo? Mas comecei a desenvolver um medo tão grande destas últimas figuras que me afastava de palhaços (porque eles lideram grupo de crianças e geralmente são homens) e do papai noel (porque em minha mente, ele iria ser grosseiro e rude comigo e talvez me colocar dentro do saco vermelho que ele carrega). Tudo isto parece ser bobo e idiota, desde que sejam com os outros e nunca com você.

Tive consequências no amor também durante minha adolescência. Alguns meninos me procuravam, pois me achavam bonita, interessante, amável, sorridente, divertida, amiga, mas eu os afastava. Além de neste momento ainda carregar o bloqueio de aprovação, auto-imagem, rejeição (que falarei mais a seguir), entre outros, o medo deles me tratarem com grosseria ou de repente darem pra mim um semblante de raiva e fechado sempre me atormentava. Então eu os evitava. Tive alguns prejuízos em amizades verdadeiras com amigos homens que poderia ter sustentado até hoje, mas que não consegui devido aos meus bloqueios não tratados. Sustentava as amizades com homens, mas no momento que a amizade ficava num nível mais profundo e na maioria das vezes muito sadio e sincero, eu me sabotava e me afastava dos meninos.

O bloqueio de autoridade é tão forte, que pode levar uma pessoa a ter uma percepção errada de quem Deus verdadeiramente é. E esta acredito ser a parte mais triste. Se lembra quando mencionei sobre a identidade? A primeira camada dela é exatamente aceitar que você é a imagem e semelhança do seu criador, que é uma Força Maior, logo uma figura de autoridade. E se sua paternidade for desconfigurada na terra, provavelmente você terá problemas em aceitar quem de fato Deus é. Eu sempre tive Deus como um amigo, mas Ele em algum momento se transformaria em uma Energia grosseira e rude. E isto jamais fará parte da essência do Criador. Deus não tem bloqueios e nem mesmo problemas emocionais para em um momento ser legal com você e em outros ficar zangado e te olhar com um semblante de desaprovação. Ele apenas é. A minha relação com Ele (Deus, Força Maior, Universo, Energia ou como você carinhosamente gosta de chamá-lo), foi durante muitos anos de minha vida dando o máximo do meu amor e fazendo tudo certo para que Ele jamais me repreendesse ou se zangasse comigo. Como se Deus precisasse ser amado. Uma relação de medo talvez, guardado no meu subconsciente. Triste isso, pois quando me desbloqueei, descobri que Deus não está nem aí para meu comportamento, mas apenas que o propósito seja alcançado, espero que me entenda. A partir de então, minha relação com Ele ficou tão leve que cada vez mais quero adorá-lo e celebrá-lo pelo que Ele é. Deus é Amor. Jamais será grosseiro com um filho. Como seres humanos erramos, mas Deus jamais errou. Entenda que Deus apenas é. Ele não oscila, Ele não muda. Ele apenas é. Estas percepções só tive na vida adulta e assim consegui desbloquear o que de fato me prendeu por tantos anos nesta área.

Sim, mas como foi possível para mim colocar um fim ao Bloqueio de Autoridade?

O pai é a primeira autoridade constituída na Terra, certo? Então eu fui atrás do início de tudo. A cena que mais me recordava sempre e me causava muito medo, era quando meu pai me olhava pelo retrovisor do carro com raiva, como se estivesse me condenando por estar ali. Ele nunca me fez mal e para ninguém da nossa casa, pelo contrário, sempre foi um provedor excelente e jamais nos deixou faltar algo. Era um pai amável, porém muito sobrecarregado de trabalho e carente em inteligência emocional, o que o fazia na maior parte do tempo estar zangado e chateado consigo mesmo.

Quando tudo isto fez sentido para mim e fui fazendo perguntas do porque tanta resistência com a figura de autoridade masculina, eu tive que dar um comando ao meu cérebro para voltar para aquele lugar novamente e mudar toda a história. Afinal, podemos enganar nosso cérebro a qualquer momento.

Então fui rumo ao meu bloqueio de autoridade.

O encontrei novamente com a minha imaginação.

Encontrei o papai novamente naquele retrovisor do carro e senti a ira daquele episódio que me bloqueou por tantos anos com a paternidade. Entenda neste ponto que, a ira jamais será contra a pessoa, mas sim com o bloqueio, com os episódios que me fizeram ficar bloqueada. Eu não quis mais ter o bloqueio comigo. Me irei com todas as forças, até mesmo de possibilidades que perdi ao longo da vida por carregar isso comigo e então decidi não permanecer mais com isto.

Voltei para aquela cena, presenciei novamente o tratamento grosseiro dele ao conversar com minha mãe, me arrumei novamente para irmos a reunião e entrei naquele banco do carro. Me sentei no meio como sempre fazia e elevei a minha cabeça. Fixei os olhos no retrovisor do carro e lá estava ele. Aquele homem preto, perfumado, todo elegante, com um lindo terno marrom, gravata listrada em diagonal, que fitou os olhos naquele espelho, olhou para mim e abriu aquele sorriso lindo com dentes perfeitos e sussurrou com as sobrancelhas abaixadas, *"Você é Amada e sinta-se sempre segura ao meu lado."* Ele se virou, eu pulei para o colo dele, o abracei e dei um forte beijo naquele rosto macio e hidratado com uma loção pós barba que ele sempre gostou de usar. Nesta cena eu gerei uma emoção positiva de tamanha alegria que ficou gravada em meu cérebro. Ali eu pude realmente enxergar um homem frágil, delicado, amoroso que só não sabia lidar com seus medos e frustrações, mas que sempre me amou incondicionalmente e é este papai que eu sempre tive ao meu lado e não conhecia.

Certa vez o papai ficou doente, a perna dele ficou muito inchada. Ele foi para o hospital e não voltou por uma semana. Eu chorei tanto e pedi a Deus tão forte no banheiro que trouxesse ele novamente e isto aconteceu.

Certa vez eu queria muito uma calça jeans da marca *"Forum"* (a grife do momento), que era o sonho de qualquer adolescente da época. Era uma peça muito cara e me lembro de minha mãe pedir para papai ir comigo ao Shopping comprar a calça e me fazer companhia. Achei tão lindo da parte de mamãe que sempre estava comigo, mas nesse dia fez questão de pedir ao papai que me acompanhasse pois sabia o quanto aquela atitude da parte dele iria marcar minha vida. Ela tinha razão, me marcou. Ele sempre detestou o shopping, mas foi comigo até o corredor das grifes, eu lhe mostrei a calça na vitrine, ele me deu o cartão e aguardou do lado de fora. Ele não entrou na loja comigo, mas eu nem me importei. Ele estava lá comigo, dando importância para um desejo meu sem sequer perguntar o preço (claro que mamãe sabia e já havia dado uma dica para ele de quanto custaria), mas ele estava comigo e sem cara feia. Apenas eu e ele no Shopping. Jamais esqueci a alegria daquela garota, desfilando com uma sacola de grife e com seu papai do lado. Quanto orgulho!

Certa vez bati na porta do escritório e ele abriu. Dei rapidamente a volta na mesa, pulei no colo dele, levantei meu pé e mostrei a linda sandália cor "ouro velho" que a mamãe acabara de comprar no centro da cidade pra mim. Ele se alegrou, me beijou e me abraçou bem forte. Nunca me senti tão amada no colo dele!

Certa vez sofri um assalto no caminho de casa, três homens pararam com o carro numa rua escura e levaram minha bolsa e telefone. Poderiam ter me colocado no carro com eles, mas eu fui poupada. Cheguei pálida em casa e muito nervosa. Fui para o meu quarto me deitei para dormir e chorei copiosamente. Ele foi até o meu quarto, se sentou na ponta da cama e me disse: *"O Papai está aqui, agora você já pode ficar tranquila. Não deixarei nada acontecer a você"*. Vivi um sonho neste dia.

Apesar de o papai algumas vezes ser mais introspectivo no ambiente familiar, ele se esforçou inúmeras vezes para mostrar o seu amor por mim e me permitiu amá-lo exatamente como ele é. Eu cresci, entendi, perdoei e fui perdoada. Para mim não existe mais dúvida do amor de papai por mim. A minha criança foi totalmente abraçada e restaurada do seu bloqueio de autoridade e restaurei a minha paternidade da terra e a minha paternidade como filha deste Universo.

Bloqueio de Rejeição

Arrumei minha trouxa e fui embora. Estava chovendo então eu voltei.

Você já deve com certeza ter assistido aqueles desenhos animados que mostra um personagem desanimado, cabisbaixo, que chateado da vida arruma sua trouxa de roupas e pega uma estradinha infinita e sai sem olhar para trás e diz *"oh céus, oh vida"*. Que engraçado não é? Quem não se lembra de um famoso desenho, bastante antigo pra minha idade, mas muito popular no Brasil nos anos 1980, Lippy e Hardy, um leão e uma raposa. Um super otimista e desbravador, e o outro pessimista e muito medroso. Em um dos episódios, a raposa triste da vida, sai de sua casa achando que é o fim, arruma suas roupas, coloca sobre um pedaço de pano, depois amarra tudo num pedaço de madeira e sai porta a fora achando que será o fim do mundo. Eu ri muito, acho que achei engraçado lá no desenho, mas eu quis repetir a cena uma vez em minha própria vida.

Por ser a filha caçula de 4 irmãos mais velhos, eu sempre me achei fora do contexto da vida deles. Talvez se você olhasse de perto o meu contexto familiar jamais diria isso. Pelo contrário, iria observar o quanto eu fui cheia de privilégios que meus irmãos mais velhos apenas conquistaram na fase adulta,e eu pude tê-los ainda na infância. Ir pequena ao cinema, comer o lanche da "Mcdonald's" com 9 anos, visitar o Park do "Playcenter" em São Paulo aos 11 anos, fazer escola de natacao, estudar na melhor escola de Inglês de Salvador, na Bahia, foram algumas coisas que consegui realizar ainda morando com meus pais. Talvez para muitos isto seja algo rotineiro, mas nos anos 1980 e 90, uma família de 6 pessoas, onde o orçamento era mais restrito, realizar coisas assim eram considerados ter alguns "privilégios". Além de que eu era cercada de amor por minha família.

Como toda garotinha, muitas vezes eu era travessa, birrenta e também desobedecia as regras da casa e precisava ser disciplinada. Meu pai poucas vezes estava por perto para ser o disciplinador, então muitas vezes eu era advertida por mamãe mesmo. Certa vez nos desentendemos, minha mãe deu-me algumas palmadas (o que na época era extremamente normal a correção desta forma) por minha desobediência, e eu fiquei muito desapontada. Subi as escadas da sala em direção ao meu quarto e chorei. Eu queria as coisas do meu jeito e verdadeiramente fui desobediente. Alimentei um sentimento de não pertencimento àquele lugar. Um sentimento de achar que muitas vezes a minha mãe achava mais relevante o que os meus irmãos diziam, faziam e sentiam, e que simplesmente eu era uma criança e não tinha valor naquele lugar. Popularmente chamariam de *"A síndrome da pobre caçula da família"* (risos...). Este era o sentimento que carreguei em meu coração desde cedo, e hoje na fase maternal que estou, sei que não era de fato verdadeiro. Digo isto porque sendo mãe de adolescente hoje, sei que temos que muitas vezes colocar a nossa atenção e os nossos ouvidos com mais energia para esta fase, onde as descobertas, opiniões e novas sensações estão sendo formadas e neste caso, o filho menor pode se sentir desprotegido em alguns momentos, por isso a importância também deste equilíbrio. Foi o meu caso. Não posso aqui generalizar, mas sei que é muito comum este sintoma aparecer em uma família que tenha mais de um filho, com diferença expressiva de idade entre os irmãos. Foi como eu me senti mais uma vez, triste e achando em alguns momentos que ninguém me amava.

Depois que chorei muito naquele quarto senti muita raiva e queria acabar com aquele sofrimento de criança. Eu decidi ir embora de casa. Claro que como toda criança, eu adorava desenhos animados e me lembrei da raposa que pegou suas roupas e foi embora reclamando: *"oh céus, oh vida"*. Encontrei uma fralda de pano da boneca, estendi ela aberta no chão, e comecei a colocar ali minhas roupas. Me lembro que peguei 3 peças íntimas, 2 shorts e 2 camisetas, ajustei tudo no centro da fralda de pano e amarrei as 4 pontas da fralda, fechando como uma trouxa de roupas. Abri a porta, desci as escadas e corri para o quintal. Lá eu encontrei uns cabos de vassoura encostados em um cantinho de quarto de ferramentas de papai, já sem a parte de baixo e peguei um deles. Voltei ao meu quarto e fixei a trouxa de roupas na ponta do cabo de vassoura. Coloquei em um dos meus ombros e desci. Atravessei a sala em alta velocidade para que não me perguntassem nada, e fui para a frente de nossa casa.

Eu estava decidida dentro de mim a não ficar mais naquele lugar e pra mim seria um alívio se eu fugisse. Quando olhei para o chão fora da parte coberta, percebi que o piso estava todo molhado e estava chovendo bastante naquele momento e então entendi que meu plano estava arruinado e eu não conseguiria ir muito longe. Lá eu me sentei e mais uma vez chorei copiosamente. A chuva caia e o vento gelado trazia todo o respingo de chuva nas minhas pernas desprotegidas. Era um sentimento de raiva, tristeza, desapontamento e solidão. Um combo perfeito para a rejeição.

Enquanto minha cabeça estava abaixada entre minhas pequenas pernas, eu olhei para o lado e pude ver minha mãe olhando pelo basculante da porta, provavelmente preocupada que eu fizesse uma loucura de criança e saísse correndo naquela chuva fria, e eu ouvia algumas risadas. Você até pode pensar, *"nossa que exagero desta menina"*, ou *"besteira, não era pra tanto"*. Ali eu senti uma profunda dor. E você poderia dizer mais: *"mas a cena foi engraçada, eu também iria rir de tamanha criatividade de uma menina de 7 anos, enrolando roupas em uma fralda de pano e tentando fugir de casa"*. Ali eu senti uma profunda dor. Dentro de minha mente foi instalado um bloqueio de rejeição que me acompanhou até a fase adulta.

Lembra que eu mencionei que os bloqueios são eventos emocionais que parecem "idiotas" quando são com outras pessoas? Mas quando são conosco, estes pequenos eventos, nos trazem travas que podem durar uma vida inteira. Ali eu senti uma profunda dor. No cérebro daquela criança ficou registrado que a pessoa que ela mais amava a corrigiu, viu ela fora de casa e riu da situação vexatória que ela estava diante daquela chuva. Não havia espaço em seu córtex pré-frontal para realizar um filtro que dissesse que ela foi corrigida por desobediência ou que estava fazendo uma birra para chamar a atenção.

"O córtex pré-frontal, a região mais evoluída do nosso cérebro, a região responsável pela nossa regulação emocional, começa a amadurecer a partir dos 3 a 4 anos de idade. E o cérebro só fica completamente maduro por

volta dos 25 anos de idade. De cara descartamos a hipótese de 'mini adultos'. Então, talvez estejamos com algumas expectativas desalinhadas. (...) Diante dessa informação, isso nos ajuda a olhar para a criança com o direito dela poder ser criança. Ela precisa poder ser criança, porque se atropelamos esse processo, se aceleramos esse processo, estamos indo literalmente contra a natureza humana".

(Fonte: Maya Eigenmann, pedagoga, educadora parental e criadora de conteúdo digital, em PodCast no Portal G1, 02/06/2022)

Ali eu senti uma profunda dor e eu iria carregar o bloqueio de rejeição por anos. Confesso a você que eu cresci, conquistei muitos objetivos e sou amiga de minha mãe e nunca havia me dado conta que esta situação tão hilária, digna de uma reprodução de desenho animado, permaneceu ali guardada em meu inconsciente por muito tempo.

E o que me levou a perceber que esta dor ainda estava lá? *"Não faz mais sentido, eu já cresci, já casei, virei mãe e isto não me incomoda mais. Na verdade eu nem me lembrava disto"*, estas são as mentiras que minha mente contava pra mim. Mas então o que me fez mexer nesta cena tão secreta e congelada nos meus 7 anos? A resposta é simples. Meu COMPORTAMENTO frente algumas situações de enfrentamento. Não se esqueça, sempre o bloqueio emocional aparecerá em um comportamento que você tem e ele te trava, ou algum comportamento que você tem que incomoda o outro (geralmente as pessoas que convivem com você poderão te dar sinais sobre os seus bloqueios). Quando isso acontecer, traga a consciência que isto gera prejuízos a você mesmo ou ao próximo e comece a fazer perguntas para si próprio. *"Por que reajo desta forma?" "Quando eu comecei a agir assim?" "Por que sinto medo disso?" "Por que tanto orgulho nesta área da minha vida?"* E tenha certeza que, com o tempo, as respostas virão. Jamais desista do auto confronto, isto salvará você.

Lembre que mudança é para corajosos e você é.

Como eu desbloqueei o bloqueio de rejeição?

Primeiro que para eu ter consciência que isto se tratava de um bloqueio, tive que olhar o efeito (ou comportamento). Reparei que diante de algumas pessoas que me interessavam eu sempre queria agradá-las. Tratava-as bem na esperança de me aceitarem e me trazerem palavras de afirmação como: *"Você é tão simpática!"*, *"Como você é legal!"*, *"Adorei você, podemos combinar algo juntos em outro dia?"*. Em alguns lugares que eu poderia estar como, confraternizações ou festas importantes dos meus superiores na Empresa as quais fui convidada pelos resultados expressivos que eu sempre me destacava, em muitas eu estive, mas evitei conhecer muitas pessoas relevantes vindas dos outros estados. Em outras ocasiões eu não fui, porque senti que sentia não saberia como me comportar e seria colocada de lado. Ao longo do tempo fui percebendo o quanto isso estava me levando a um comportamento errado. Estava me prejudicando. O fato de eu não conversar com as pessoas relevantes para a fase que eu estava passando, me mantiveram longe de poder ascender a outros cargos na Empresa, elevar o nome da minha equipe a outros níveis, de ampliar a conexão com novas frentes para futuras transferências de trabalho para os demais estados do país.

Observe quantas oportunidades perdidas porque meu subconsciente guardava algo que eu manifestava e eu nem tinha conhecimento. Uma programação que eu repetia a diversos anos e que eu só me dei conta quando estava na função de Supervisora na Companhia, liderando já 44 funcionários. No momento que detectei este meu comportamento, comecei a fazer perguntas para mim mesma. *"Por que tenho este comportamento com situações que poderão me abrir novos caminhos?" "Por que evito pessoas relevantes para cada nova fase de vida?"* E quanto mais pergunta fazia, mais olhava para dentro de mim mesma e depois de algumas semanas, provocando estes questionamentos dentro de mim, me lembrei, primeiro das risadas que escutei enquantos respingos de água frios acertavam a minha perna e, depois de toda a cena vivida nos meus 7 anos na frente de casa. Ali entendi o bloqueio da rejeição. Parecia apenas uma piada de menina, mas trouxe prejuízos não apenas para mim mas também para os meus subordinados. Por que desbloquear e mexer no que está quieto? Justamente para salvar o seu propósito e não impedir o fluir das outras pessoas ao redor.

Esta foi a minha experiência. E seus comportamentos até aqui? Talvez você nunca tenha sido rejeitado, ou talvez não se deu conta que foi. Conversando com algumas pessoas sobre isso, pude identificar que isto é mais comum do que imaginamos. Pais que trabalhavam demais e quase não tinham tempo com os filhos, alguns que foram criados dentro da casa dos avós, mãe queria ser amiga e quase nunca corrigia o filho como deveria, cuidador que sempre atrasava para pegar o filho no judô, uma atenção maior para uns dos filhos do que para o outro. São tantas formas que pode ter te gerado rejeição. Quais os mesmos comportamentos que você costuma ter com as pessoas? Talvez termine amizades tão rápido como as começa, e acha apenas que isto é normal porque não tolera algumas coisas ou que percebe que todos aprontaram sempre com você. Talvez você coloque rapidamente seu ponto de vista em uma relação para já saber quem de fato está ao seu lado, onde no fundo você teme viver um episódio de rejeição, então age como defesa no subconsciente. Presenciei uma conhecida com esta atitude. Estávamos numa mesa de restaurante com outros amigos em comum e de repente ela começou a justificar, sem que ninguém perguntasse, porque ela era como era, fazia o que fazia, deixando claro que desta forma nunca ninguém teria problemas com ela, afinal já estava avisando quem era. Ela riu após terminar sua fala, mas não foi correspondida e logo seu marido decidiu mudar de assunto. Isto acontece como proteção a alguma rejeição vivenciada. Algum evento que ela foi submetida onde foi deixada de lado. Por isto que devemos identificar nossos comportamentos, assim não prejudicamos a nós mesmos e nem atingimos a terceiros que podem se afastar por não entenderem tal comportamento.

Então eu fui desbloquear algo que não fazia mais sentido carregar comigo. Usei a minha imaginação para voltar para dentro da cena que me travou durante anos.

Encontrei novamente aquela garotinha em prantos no quarto enquanto colocava tudo no centro daquela fralda de pano estendida no chão. Fixei a trouxa de roupas na ponta do cabo de vassoura. Coloquei em um dos meus ombros e desci novamente. Atravessei a sala em alta velocidade para que não me perguntassem nada, e fui para a frente de nossa casa. Foi quando eu percebi que o piso estava todo molhado e estava chovendo bastante naquele momento e então entendi que meu plano estava arruinado e eu não conseguiria ir muito longe. Lá eu me sentei e mais uma vez chorei copiosamente. A chuva caia e o vento gelado trazia todo o respingo de chuva nas minhas pernas desprotegidas. Era um sentimento de raiva, tristeza, desapontamento e solidão. Foi quando olhei para o lado e vi minha mãe olhando pelo basculante da porta e eu podia ouvir risadas. Foi neste momento que eu fechei meus olhos e mais uma vez busquei toda a raiva que poderia sentir daquela situação. Busquei a raiva destes anos, toda presa em uma crença de rejeição, em meu inconsciente, a qual me travou ao longo de minha vida. Dei os gritos mais altos de indignação que podia dar e me irei genuinamente com o que tinha acontecido comigo naquele momento. E mais uma vez me lembrei do texto bíblico que diz: *"Irai-vos com as coisas que estão erradas, mas não faça mal a você e não faça mal às pessoas (Texto encontrado na Bíblia, em Efésios 4:26)"*. Após a raiva passar (até porque se eu carregar esta raiva comigo, só me fará mais mal ainda), eu mentalizei uma nova cena. Agora sim, a cena perfeita criada pro meu cérebro acreditar e gravar aquilo que neste dia eu queria ter vivido.

Ainda imaginando aquela garotinha com a cabeça abaixada entre as pernas, eu senti que alguns passos se aproximavam em minha direção. Foi quando eu olhei para o lado e vi mamãe, que se abaixava e dizia em meu ouvido: *"Você é amada. Jamais te deixarei aqui fora no frio chorando. Seu lugar é lá dentro, junto com sua família. Se eu ri, me perdoa. Você é a menina mais divertida e criativa que eu conheço. Você é muito amada por mim"*. Ela me envolveu eu seu braços doces e eu pude ouvir as batidas do seu coração por mim. Entramos e ela imediatamente me providenciou roupas secas e quentinhas, e fomos para cozinha e comemos um delicioso bolo de laranja, um dos meus favoritos que mamãe faz.

Ah, como é gostoso identificar um bloqueio. E quando você mesmo pode fazer seu próprio desbloqueio melhor ainda! Quando entendi que meu cérebro não sabe diferenciar o que é real do que é imaginário e que eu posso usar isto ao meu favor, os eventos continuam a acontecer mas parecem mais simples de serem resolvidos. Bom ressaltar que os bloqueios emocionais podem acontecer a qualquer momento da vida, mas desbloqueando, fazendo o mapeamento da cena em sua imaginação, se irando com a situação e gravando uma nova cena, será mais leve passar por certos episódios emocionais.

Quero compartilhar com vocês, mais uma experiência que vivi anos mais tarde ainda sobre rejeição. Compartilho para que tenhamos consciência que os bloqueios que muitas vezes não queremos resolver e preferimos usar do famoso *"nao mexa com o que está quieto"*, pode alcançar a próxima geração, porque continuamos a repetir os mesmos padrões de programação mental que recebemos dos nossos pais e cuidadores.

Certa vez minha filha Sarah, na época com 6 anos, fez uma birra bem violenta em casa. Fruto de uma desobediência, ela se enfureceu e chutou alguns móveis pela casa quando foi advertida verbalmente. Chorou, e logo foi para o quarto e se aquietou. Eu observei seu comportamento e imaginei que se acalmaria e já estava se entretendo com seus brinquedos. Decidi dar alguns minutos para ela antes de conversarmos a respeito. Sem eu perceber, ela veio até minha direção e colocou sobre minha bancada de trabalho um desenho. Neste desenho ela criou um coração partido, uma menina (que representava ela) e uma casa. No desenho ela estava do lado de fora da casa e inacreditavelmente segurava em seus ombros um cabo de madeira com uma trouxa de roupas amarrada no final. Quando eu vi aquele desenho, dei um pulo da cadeira maior que a mesa que eu estava e imediatamente me lembrei do evento que eu passei em minha infância. Respirei fundo e aguardei por alguns segundos a reação dela. Como eu previ em meu pensamento, ela abriu a porta da sala e se sentou na cadeira da varanda como se me aguardasse. Prontamente já tendo vivido algo semelhante e tendo identificado este bloqueio há alguns anos atrás, eu fui em direção a ela com o desenho em minhas mãos e coloquei o desenho sobre a mesa. Peguei ela no colo e nos abraçamos durante minutos enquanto as lágrimas caiam do meu rosto. Secretamente sequei minha face e disse a ela: *"Você é amada. Jamais deixaria você aqui fora sozinha. Seu lugar é lá dentro junto com a sua família. Me perdoa se eu falei algo que você não gostou. Eu te amo e estou aqui para você."* Ela retribuiu e prontamente, como uma característica marcante de sua personalidade, me pediu desculpas também e me beijou. Eu peguei o desenho novamente, e juntas concordamos em rasgar em picadinhos aquele papel e isto foi até divertido! Depois entramos e brincamos juntas de boneca!

Talvez se eu não tivesse escrito este fato, você jamais acreditaria. Como assim? Eu nunca havia conversado acerca dos meus bloqueios com Sarah. Como ela acaba tendo um comportamento tão semelhante sem ter sequer nascido naquela época?

Com este exemplo entendemos o quanto os bloqueios emocionais são sérios. Coincidência ou não, se eu não tivesse sido desbloqueada nesta área, talvez poderia repetir o mesmo padrão que me deixou bloqueada por anos e nem ter percebido o que tinha feito. Olhar pelo vidro da varanda, dar risada do desenho tão criativo e menosprezar uma dor tão séria para a Sarah, que futuramente poderia lhe trazer consequências e prejuízos na fase adulta. O desbloqueio cura uma ferida e faz com que não firamos as pessoas que passarão em nosso caminho, logo evoluímos e nos tornamos cada vez mais pessoas melhores. Pense sobre isto.

Nesta jornada de vencer a rejeição do meu inconsciente, percebi um grande número de pessoas que sofrem por não pertencerem. Às vezes não se sentem pertencentes a uma família, às vezes a uma comunidade, às vezes a um grupo de amigos que ela frequenta a tantos anos, ou até mesmo ao país que ela emigrou e já mora por muitos anos (característica que ainda acontece com muitos brasileiros que vivem na América, e muitas vezes tristes e sem perspectiva de novos caminhos num país diferente). Tanta gente que se sente perdida. Sem uma referência. Se sentir rejeitado, pode também te levar a caminhos de falta de conexão, mesmo estando cercado por muitas pessoas. Pode levar ao isolamento, à baixa autoestima e a sentimentos de rejeição manifestos das mais diferentes formas. Ao mesmo tempo, quando a pessoa cria consciência do seu comportamento e faz o desbloqueio, passa a ter um ponto de partida para o crescimento pessoal, o autoconhecimento e a construção de um pertencimento mais autêntico em outros e situações. A busca por um ambiente onde a pessoa se sinta aceita, valorizada e conectada é uma parte essencial do processo de cura e superação dessa experiência. Com o desbloqueio isto se torna possível.

Bloqueio do Medo da Solidão

O que é solidão? Você já parou para pensar sobre isso? Talvez prefira não pensar. Talvez esta palavra te dê algum arrepio. Quem nunca já ouviu diversas frases de efeito ou como chamamos, frases populares tipo estas:

"As vezes estamos mais sozinhos na multidão do quando estamos conosco mesmo."

"A solidão não me assusta mais porque ela se tornou a minha melhor companheira."

"Sobretudo na solidão que se sente a vantagem de estar com alguém que saiba pensar."

"A solidão é um solo fértil onde podemos plantar as sementes dos nossos sonhos mais profundos."

"Solidão é a tristeza de estar com alguém na companhia de ninguém."

"Solidão é ter asas e não saber aonde ir."

"A solidão não é silêncio. É um barulho ensurdecedor."

"Solidão é o começo de toda a liberdade."

Sabemos que estar sozinho não é a mesma coisa que sentir solidão. O ser humano tem a necessidade de ter vínculos, conexão, não nascemos com a capacidade de estarmos sozinho. Muitas vezes ficar sozinho é muito bom para nos reconectarmos. Podemos chamar de solitude o ato de estar sozinho e estar bem consigo mesmo. Passa a ser uma excelente oportunidade estar só com nossos sentimentos e pensamentos e isto é muito importante para o nosso autoconhecimento. No livro *"O Poder do Agora (de Eckhart Tolle)"*, o autor em muitos capítulos dá ênfase ao focar em muitos reflexos em relação a nossa vida. Para Tolle, toda a existência é o agora e nada existe mais além dele. Segundo ele, nem nós existimos, mas já fazemos parte de um outro plano. Desta forma eu concordo com o autor quando me recordo do seguinte texto: *"Ora, o homem não compreende as coisas do espírito de Deus, porque lhe parecem loucura; e nem pode entendê-las, porque elas se discernem espiritualmente"* (texto bíblico em 1 Coríntios 2:14). Para o autor, também o passado é um conjunto de lembranças e o futuro nada mais que uma expectativa. Assim podemos entender no poder que há em vivermos exatamente o agora, pois o passado e o futuro não existem, são apenas imaginações em nossa mente.

Nos parece tão complicado entender que apenas o agora é real e que enquanto você lia a página anterior deste livro, isto já não existe mais, acabou de virar passado. Para ele, ao entender que a nossa única realidade de mudança e realizações é o Agora, só conseguimos viver o momento presente se estivermos conectados ao nosso eu interior. Para busca deste eu interior precisaremos da solitude e muitos ainda tem a dificuldade de estar consigo mesmo ou tratam momentos de solitude como algo rápido e superficial, pois não conseguem ter a clareza que focando no agora, fazendo tudo que tem que ser feito conectados sempre ao seu eu interior, conseguem encontrar a verdadeira felicidade, o início e finitude de tudo. Claro que a depender da nossa personalidade, gostamos de alguns momentos sozinhos, mas para os extrovertidos, o sozinho lhe faz mal, e priorizam revigorar suas energias perto de outras pessoas. Segundo Tolle, estes ainda não conseguem viver plenamente o agora.

Mas a solidão, diferente da solitude, já é algo muito mais profundo. Ela é uma desconexão e ausência de pertencimento para o mundo, para com os outros e consigo mesmo. Pessoas solitárias não conseguem sentir identificação com o meio e com quem está ao seu redor, o que gera o isolamento e pode levar a transtornos psicológicos graves, como depressão e ansiedade. Traduzindo a palavra Solidão do hebraico, ela é descrita como somente um, aquele que é solitário, abandonado, miserável. Se há alguém que compreende a solidão, essa pessoa é Jesus Cristo. Foi Ele que passou 40 dias no deserto e lá foi perseguido e tentado mais do que ninguém. Foi Ele também que mesmo na multidão dos seus discípulos se afastou e permaneceu sozinho para falar com o Pai dele que nem estava em carne e osso com ele. Mas tão nobre como Jesus e, ele diz ainda nos deixou as palavras: *"... Eu estarei com você em todos os seus dias, até a consumação dos séculos, (texto bíblico em Mateus 28:20)"*

Em 2018 na Inglaterra, foi criado um Ministério da Solidão, e a primeira-ministra britânica, Theresa May, declarou certa vez: *"a solidão é a triste realidade da vida moderna"*. Refleti sobre esta frase e realmente me senti triste ao pensar nela. Porque algumas pessoas se desconectam do próximo? O que levou a terem este comportamento? Será que solidão não seria sobreviver para alguns ao invés de viver? Há quem diga que a solidão é de fato viver, talvez porque já não têm esperança em mais nada e nem nelas mesmas? Mas se o ser humano foi criado para viver em sociedade, seria quase que impossível sobreviver sozinho num mundo sem mais nenhum ser humano. Então o que leva de fato a solidão? Talvez problemas de decepção com outros, talvez um trauma sofrido, talvez uma perda irreparável, talvez uma coodependencia não mais correspondida? Ou talvez um simples bloqueio?

Certa vez, mamãe viajou para a cidade de origem de sua família, Jacareí, no interior de São Paulo no Brasil. Eu deveria ter cerca de uns 10 anos. Mamãe foi visitar suas irmãs e passar alguns dias revisitando parentes e amigos. Eu fiquei em casa com papai e meus irmãos. Foram os dias mais longos da minha vida. Mamãe sempre fora o equilíbrio de nossa casa e eu sempre me senti segura ao lado dela. Meus irmãos já eram crescidos e trabalhavam e estudavam fora de casa e papai sempre ausente, acumulado de trabalho em seu escritório perto da sala de nossa casa. Sentindo falta de mamãe nestes dias, entrei no meu quarto e chorei de saudades e medo de mamãe nunca mais voltar para mim. O medo da solidão? Mamãe retornou depois de alguns dias recheada de amor e tudo voltou ao normal.

Eu tive medo da solidão.

Já estava com 16 anos. Neste tempo moravam meu pai, minha mãe e eu. Tínhamos acabado de chegar em Salvador, no estado da Bahia, no Brasil. Era um tempo novo, de alegria, de descobertas. Uma típica família paulista,que nunca tinha saído do seu estado para morar fora dele, mas foi quando papai foi convidado para trabalhar em uma comunidade no nordeste do país. A princípio nos soou estranho, afinal papai já liderava a comunidade da nossa cidade de origem por mais de 20 anos e tudo parecia no seu devido lugar. Então as propostas foram ficando mais sérias, até o momento que papai decidiu com mamãe em fazer uma reunião familiar. Me lembro de sentarmos os 6 na mesa, cada qual no seu lugar que já era reservado de cada um. Papai na ponta principal, mamãe na lateral esquerda ao seu lado, eu a caçula ao lado de mamãe, Eduardo o filho homem mais velho número 2 na outra ponta da mesa, na lateral direita de papai se sentava a primogênita Ester, e ao seu lado o Ricardo filho número 3. Me lembro do papai naquela noite compartilhar um email conosco, algo super tecnológico para época, porém papai sempre amou uma tecnologia moderna, onde ele tinha a proposta do trabalho em mãos. Aquele momento foi tão precioso para mim, pois senti que papai sabia que a mudança mudaria para sempre a vida de nossa família e fez questão de dividir conosco tudo que iria acontecer, até mesmo valores orçamentários que agora passariam a ser bem mais confortáveis para todos. Me senti amada naquela noite e senti que meus irmãos se sentiram amados também. Ester, a primeira filha já era casada nessa época, e mesmo com a mudança a sua vida seguiria o curso normal em sua própria casa com seu marido. Meus irmãos, na época muito bem empregados e cursando universidade, seguiram suas vidas morando juntos para darem continuidade aos seus projetos na cidade, e eu, papai e mamãe seguiríamos de mudança para o estado da Bahia, e assim se cumpriu. Eu era uma adolescente. Meus amigos sempre foram os mesmos, na escola, pois estudei longa parte do ensino fundamental na mesma escola, e na comunidade, crescia com os filhos dos membros da igreja, sempre a mesma turma. Um rompimento nesta fase pra mim foi muito difícil. Claro que eu estava toda empolgada em vivenciar novas experiências, poder andar de avião pela primeira vez e morar em uma cidade banhada pelo mar, mas não havia me dado conta que deixaria para trás uma história para criar a frente uma nova. Tive meus momentos de muito choro, saudade e desespero.

Cheguei num lugar onde as pessoas falavam diferente, com sotaques que ainda eram desconhecidos pra mim, se vestiam com roupas mais leves e com o corpo mais aparente, tomavam café na hora do jantar, comiam comidas bem diferentes da minha. A adolescente aqui demorou para se adaptar, mas como cresci mascarando meus sentimentos para ser aceita, sempre tentando ser agradável com as pessoas, como via papai fazer com muita maestria, mais uma vez, rapidamente estava inserida no melhor grupo da escola e da nova comunidade que papai liderava. Ali foi um dos meus primeiros desafios de vida. Estava crescendo cada vez mais e entendendo que estava sendo inserida a uma nova cultura e teria que me adaptar.

Certa vez, nossa família foi convidada para um jantar de celebração de casamento de uma das famílias da comunidade. Eu não me senti à vontade de ir, afinal estariam presentes pessoas de uma idade mais madura e dos meus novos amigos ninguém estaria. Minha mãe insistiu que eu fosse com eles, mas minha resposta ainda foi não. Então decidi ficar em nosso apartamento sozinha. Papai e mamãe se arrumaram apropriados para a ocasião, me abraçaram e pediram que se eu precisasse, ligasse no número de telefone da casa onde a festa aconteceria. A porta se fechou e eu pude escutá-los no corredor aguardando o elevador chegar ao nosso andar. Fiquei acompanhando pela janela do apartamento e lá estavam eles, lindos caminhando pela rua de mãos dadas em direção a algumas quadras abaixo de nossa casa. Enquanto eu via essa cena, fui invadida de uma extrema tristeza. A minha alma manifestou um medo enorme. Enquanto eles se afastaram eu comecei a sentir um medo de nunca mais tê-los por perto. Pensei que poderiam sofrer algum acidente, ou serem sequestrados, ou até que nunca mais retornasse para casa e isto começou a ficar cada vez mais forte. Até que parei de pensar neles e comecei a pensar em mim. Em como eu passaria a ser sozinha para o resto de minha vida. Agora não teriam mais meus irmãos por perto. Naquele lugar havia apenas eu, mamãe e papai. Agora seria apenas eu. Um medo da solidão me tomou por dentro e eu chorei no chão da sala, enquanto avistei eles sumirem ao final da esquina.

Me lembro que naquele dia, sozinha no apartamento eu fiz as minhas mais sinceras perguntas ao Senhor do universo. Enquanto chorava de medo pedia a Ele que jamais me abandonasse. Que aquela força que eu sentia dentro de mim, que me pertencia a infância toda, jamais se afastasse de mim. Minha alma gritou ali por socorro, para que o Senhor do universo ficasse no meu coração para sempre e dali para frente que Ele fosse o meu melhor amigo. Eu me entreguei de corpo e alma para Deus e sabia que a presença de Jesus Cristo jamais sairia de dentro de mim por toda a eternidade. Um dia que para mim poderia ter um desfecho de dor e pânico, foi transformado por uma paz que permaneceu naquela sala por um grande período de tempo.

Jamais se esqueça. Esta é uma chave que virou em minha mente e compartilho com você, que às vezes tem buscado há tantos anos nas religiões ou nas filosofias:

"Encontramos Deus no momento que percebemos que não precisamos mais procurar por Ele."

(Frase do livro, "O Poder do Agora", de Eckhart Tolle)

Amo lembrar que naquele tempo que Jesus esteve na terra, Ele teve uma multidão que o seguia, mas tiveram 12 homens que deixaram suas famílias, seus negócios, suas empresas, seu hobbies, suas baladas, seu bairro que nasceram, sua cerveja do final de semana, o futebol com a rapaziada e decidiram que queriam estar próximos de Jesus e de tudo que Ele fazia. Abdicaram praticamente dos seus sonhos e projetos. Talvez largaram até um romance que estavam vivendo, ou a carreira, como foi o caso de Lucas que era médico, e tudo porque se apaixonam pela missão que Jesus estava fazendo onde passava. De repente Jesus percebe que está na hora do seu propósito se cumprir, então ele prepara o coração destes 12 homens para que não sofram com a sua partida. É tão impactante as palavras de Jesus para seus amigos neste momento em que Ele diz: *"Olha, eu farei o seguinte, eu estou indo, mas vou falar* com meu Pai e Ele vai deixar um outro amigo aqui na terra para vocês que ficará para sempre. Este amigo será na forma de espírito. As pessoas que não acreditam, não poderão tê-lo, mas você que conheceu meu poder, saberá que ele ficará aí dentro de vocês. Não se preocupem, eu estou indo cumprir meu propósito que é morrer para salvar toda a humanidade, mas eu jamais deixarei vocês órfãos, um dia eu voltarei. Isso é uma promessa!" (texto bíblico em, João 14:16, 17 e 18).

Claro que depois de tudo isso meus pais voltaram para casa sãos e salvos, mas a experiência que eu havia tido eu jamais esqueci e até hoje quando preciso, me lembro daquele dia com 17 anos e me sinto mais forte. Claro também que a vida seguiu seu curso e em muitos momento voltei a sentir medo da solidão. Eu sabia que meu eu interior estava comigo, que ele é a essência da vida, mas então por que o medo da solidão ainda convivia comigo?

Eu passei um longo período da vida sem manifestar o medo da solidão. Continuei saindo com meus amigos, em todas as temporadas de férias frequentava acampamentos, me envolvi com o grupo da faculdade, fui promovida na empresa como supervisora de equipe, namorei e me casei. Jamais eu estaria sozinha. Tanta gente por perto! Foi então que a família aumentou e engravidamos da nossa primeira filha. Agora tudo estaria completo. Nasceria alguém de dentro de mim, parte de mim e nunca mais eu temeria a solidão. Ah que bom. Este medo da solidão estava resolvido em minha mente.

5
A Gravidez

"Estamos Grávidos", Contei Para Todo Mundo!

Tinha dois anos de casada! Pra mim era o momento ideal! Mas será que vou engravidar rápido? Será que terei enjoos? Será que vou engordar muito? Enfim decidi descansar sobre tantas perguntas e apenas focar em ter um bebe. Para minha surpresa, após 1 mês a menstruação atrasou, e me lembrei que eu e meu marido já estávamos tentando entrar na corrida para a maternidade. Compramos um teste de farmácia e "batata", dois tracinhos! Ficamos os dois muito felizes, mas ao mesmo tempo sem acreditar. É uma mistura de ansiedade, excitação e euforia. O coração bateu mais forte e um sentimento de as pernas voltarem a vida era quase inexistente. Não sabia como lidar com aquela situação. Saber que você será mãe para o resto da vida é inacreditável. Aos poucos fomos dando a notícia e as pessoas vibravam com a nossa conquista. Me lembro de surpreender nossos pais com um sapatinho, representando que seriam avó e eles amaram!!! Os dias foram se passando. E a barriga ainda nem quase aparecia. Começava então a nossa jornada de médicos, exames e vitaminas. O que mais esperávamos eram as consultas de ultrassom, onde iríamos ver nosso bebezinho. Primeira consulta, intravaginal. Apenas vimos um pontinho, como um grão de arroz e no silêncio daquela sala gelada e com meia luz, ouvimos pela primeira vez uma batida tão forte como de uma bateria. Meu Deus, foi encantador aquele som! Saímos dali tão felizes e querendo contar a experiência para todos, que não contemos as lágrimas e o sorriso exagerado! Afinal, somos pais de primeira viagem e queremos gritar!!

Então os enjoos vieram, e os três primeiros meses foram nada agradáveis e divertidos. Eu não consegui passar batom ou comer algo pastoso. Perfume entao eu nao queria sentir e o sono me fazia me arrastar para meu trabalho todas as manhãs como supervisora de 24 liderados. Em uma manhã, acordei e todo enjoo havia ido embora como um passe de mágica. Me senti tão importante! Afinal eu passava pelos temerosos 3 meses de risco e agora sem enjoos tudo ia bem. Começavam a chegar presentinhos, ursinhos, roupinhas e tantas coisas bonitas. O tempo ia passando, a barriga crescendo e enfim, chegou o grande dia de sabermos o sexo do bebe. Preparamos a família toda para ficarem ligados nos celulares. Minha mãe veio de outra cidade para participar do ultrassom. Dentro de mim tinha certeza que teria um menino! Naquela semana havia sonhado com a história bíblica de Abraão e seu filho Isaque, onde eles iam até o Monte Moriah e Deus dizia a Abraão: "Sacrifique seu Isaque!". Pronto. Resposta enviada do céu. Era um menino!

Na sala do ultrassom eu, meu marido no suspense, escolhemos a melhor médica, referência na cidade, para nos dar a resposta. Certa da resposta que eu ouviria. Então mexe daqui, mexe dali, desliza um pouco mais o aparelho e, a médica diz: "*é uma menina!*" Comprida, saudável, linda! Meu Deus, meu coração disparou. "*Como assim? Eu sonhei com menino esta semana?! Bem, essas coisas de sonho não devem funcionar comigo mesmo. Legal, vamos partir para o mundo cor de rosa*", eu pensei. Mergulhei então neste universo. Partimos para a escolha do nome e decidimos. Ela vai se chamar Melissa Hadassah. Melissa, que significa abelha, mel. Hadassa que significa Murta, uma flor.

"*Murta é um arbusto originário da Europa e do norte da África com folhas conhecidas por exalar um cheiro agradável quando são esmagadas. Na cultura grega, a murta era uma planta dedicada à deusa Afrodite. Além disso, também era muito utilizada na Antiguidade, tanto na cultura grega como na hebraica, para a confecção das grinaldas das noivas. Os ramos das murtas eram utilizados pelos hebreus para cobrir as tendas na Festa dos Tabernáculos, festa tradicional entre os judeus até os dias de hoje, uma das principais festas desse povo. Por esse motivo, também sempre foi associado ao sentido de "proteção" ou "cobertura". Hadassa foi o nome da Princesa Ester em anos a.c.*

Então tínhamos o nome perfeito.

Neste período de gravidez nos mudamos, e tivemos que fazer reparos na nova casa. Eu já estava com uma barriga enorme e precisava dormir bem. Cuidamos de realizar as primeiras reformas no quarto do casal, banheiro, cozinha e deixamos o quarto de Melissa por último. No processo de mudança, não conseguimos tempo para realizar o chá do bebe, mas seguimos confiantes. A cada consulta, lá estava Melissa Hadassah, dando suas cambalhotas e seus chutes, linda e saudável, tudo correndo super bem. Me lembro de uma protuberância bem particular que parecia um cotovelo, que ficou forçando minha barriga por uns 2 minutos... talvez pedindo mais carinho! Cantávamos para ela, papai beijava muito a barriga, olhávamos ela mexer e acordar a mamãe de noite. Era muita roupinha cor de rosa que chegava. Lotamos três malas enormes com o enxoval da nossa princesinha. Meu diário da mamãe grávida era escrito todos os dias antes de dormir, afinal a mamãe aqui adora escrever!

Eu estava com 7 meses de gestação. A semana correu normalmente. Muito trabalho, com uma equipe de 27 funcionários, eu chegava em casa para o jantar, com os pés inchados e o marido lindo fazia massagem e me colocava pra dormir. Sempre ele foi muito carinhoso comigo. Sexta-feira, fim de semana chegou! No sábado acordei, como de rotina, eu e Roberto acordamos a Melissa, beijamos a barriga e demos carinho como em todas as manhãs. E o dia seguiu normalmente. Fui na casa de uma amiga e ela me agraciou massageando os meus pés para me trazer carinho e relaxamento. Na manhã de domingo, acordamos e fomos brincar com Melissa. Ela estava quietinha. Não respondia quando balançamos a barriga para acordá-la. Algo pareceu estranho. Roberto ligou imediatamente para a médica que nos orientou sabiamente a tomar um suco bem doce e deitar do lado esquerdo, para provocar que os seus movimentos. Caso não mexesse em meia hora, ligassemos novamente. Assim foi a orientação e assim fizemos. E Melissa não mexeu. Seguimos direto para o médico para fazermos um ultrassom e assim ficarmos mais tranquilos. Chegando no hospital, fomos atendidos prontamente, e nos levaram para escutar o coração da nossa princesa. Fomos então para a sala do médico de ultrassom, e lá estava eu novamente, deitada naquela sala gelada, com meia luz apagada para enfim vermos a nossa pequena dorminhoca, acordar e dar pulos e cambalhotas.

E ela não acordou. O médico, com sua barba ainda a fazer, com um semblante caído e abatido, gentilmente e empático nos olhou nos olhos e nos disse: *"Infelizmente não temos mais resposta cardíaca. Eu sinto muito. A bebe entrou em óbito."* O silêncio apavorante pairou sobre a sala. Vimos aquela tela de computador que tantas vezes nos trouxe tantas alegrias, agora estava ali, com a nossa princesa Melissa Hadassah paradinha, plena e linda.

Minhas pernas faltaram naquele momento. Roberto, meu marido apertou a minha mão e a lágrima rolou dos seus olhos. Ele questionou que aquilo não poderia estar acontecendo. Pediu para ver a tela novamente. O Doutor muito gentil a mostrou e nos deixou por um momento a sós. Eu não conseguia chorar, mas ao mesmo tempo não conseguia expressar reação nenhuma. Roberto me beijou, saiu no corredor. Ele chorou muito. Nossa obstetra veio imediatamente ao nosso encontro e cuidou de todos os procedimentos necessários. Os mesmos celulares ligados que receberam a notícia que era uma menina, agora receberam a notícia de que a mesma menina estava morta. Rapidamente nossos Pastores chegaram ao hospital, oraram conosco e nos deram todo apoio de que precisávamos. Quando estava já em meu quarto, aguardando a hora da cirurgia, minha mãe e meu pai chegaram de uma cidade vizinha, pois assim que avisados, vieram no primeiro ônibus com brevidade para estarem conosco o mais rápido possível. Nos abraçamos fortemente e vi as lágrimas e semblante caído de uma mãe, ao ver sua filha com um bebezinho morto na barriga.

Para minha proteção e segurança, fui induzida a um parto natural. Começaram as contratações para que meu corpo expulsasse um bebe ja sem vida, e as dores de parto pude sentir cada uma. Para acelerar o processo e não prolongar ainda mais tanto sofrimento, a médica introduziu um instrumento para estourar a bolsa uterina. Com centímetros de dilatação, fui levada ao centro cirúrgico e uma equipe maravilhosa de médicos e psicólogos me consolaram. Dentro de mim havia esperança que até o final um milagre poderia acontecer de novo e nossa filha poderia voltar a viver. Então decidimos orar para que isso acontecesse. Deitada na maca, com tantas luzes e fios, vi meu marido entrar pela porta, lindo, todo vestido de azul como um médico, se sentou ao meu lado, e com os olhos encharcados me disse baixinho, *"Deus sempre sabe o que está fazendo. Melissa e Dele"*. Eu tomei forças e comecei a fazer o trabalho de expulsão. E Melissa nasceu. E nasceu morta. Passou por minha pernas um bebe cumprido, e aquele chorinho que eu tanto desejei ouvir, não escutei. E o silêncio ensurdecedor voltou a pairar naquela sala. Neste momento o choro chegou com força, e o derramar das lágrimas eu não pude mais conter dentro de mim. Eu e Roberto nos abraçamos e dissemos, agora Melissa está na eternidade com o Deus do universo. Roberto me beijou a testa e nos despedimos, enquanto eu aguardava até que o efeito da anestesia acabasse, para então eu estar novamente no quarto ao seu lado.

Me lembro da nossa primícia Melissa sendo levada num bercinho transparente, enrolada num paninho verde, passando pela porta para a autópsia. Foi um triste desfecho. Muito e muito triste. Deus poderia ter soprado o fôlego da vida, afinal Deus é Deus, concordam? Mas ele escolheu levar ela para Ele. Ela é muito muito especial para ficar aqui nesta terra. Um dia poderei vê-la, pega-la em meu colo, roda-la pelos ares e ver aquele rostinho lindo que sempre imaginei. Deus tem um lugar preparado lá na eternidade para seus filhos e a bíblia nos promete que *"Se cremos que Jesus morreu e ressurgiu, cremos também que Deus trará, mediante Jesus e com ele, aqueles também que nele morreram." (texto bíblico em Tessalonicenses 4:14).* Então se está escrito, vamos nos encontrar um dia.

Fiquei no corredor, aguardando a anestesia passar, coberta com um cobertor quentinho, olhando a janela ao alto. Ali era só eu e meu Eu interior. Não tive medo da Solidão. Eu estava com Ele. Deus sussurrou em meu ouvido: *"Eu dou, eu tomo. Tudo é meu."* Ele me disse ali que Ele é soberano e a tua palavra me basta. Me senti abraçada por Ele. Por causa deste dia, eu entendi em meu coração que os filhos são emprestados por Deus aqui nesta terra para cuidarmos, e que tudo é Dele e para Ele. Entendi ali que a morte é lucro para aqueles que têm esperança em Cristo. Que somos dependentes de um Deus no universo e que Ele é quem dita as regras do "Jogo da Vida". Entendi que eu sou forte e posso passar por isto (*"Tudo eu posso Naquele que me fortalece", texto bíblico em Filipenses 4:13*). Entendi que há um espírito consolador que nos ajuda e nos ajuda nos momentos mais sombrios da nossa vida.

Entendi que Deus jamais nos dará algo que não possamos suportar (*texto bíblico em 1 Coríntios 10:13*). Jamais saberei a dor que você, ao ler este livro, passou quando perdeu alguém querido. As dores são únicas e exclusivas para cada um. Não existe dor de alma maior ou menor que outra. Jamais conseguirei mensurar o quanto você "sangrou" com o que você passou, mas acredite, que mesmo que seu filho tenha sido colocado em um pequeno caixão branco e levado pela funerária, há um Deus que prometeu te consolar em todos os seus dias nesta terra e te fazer suportar esta dor, porque Ele tem o poder de despertar a força que já existe em cada um de nós. Viva seu luto sim, mas acredite que há um mar de esperança que o universo enviará para você.

Voltar para casa foi difícil demais. Posso te afirmar que pegar o elevador a caminho do estacionamento e se deparar com uma mãe que carregava o filho recém nascido nos braços toda feliz dentro do elevador me deixou arrasada. Eu sonhei sair com Melissa nos braços, mas isso não aconteceu. Em casa, me lembro das madrugadas que eu me espremia na cama sentindo meu útero voltar ao seu lugar natural, e me lembrava a sensação das mexidas da Melissa dentro de mim. Chorava alto nas noites pós-parto que Roberto já não sabia mais o que fazer e mamãe, que se hospedara em casa para me dar total apoio, despertava de madrugada com meu choro, ia ao meu lado da cama, se ajoelhava e apenas orava por mim para que eu me acalmasse e voltasse a dormir. Foram os dias mais difíceis da minha vida, mas eu fui cercada de muito carinho e amor dos meus amigos e familiares. Em nenhum momento a dor do medo da solidão chegou. Como sobrenatural no momento em que eu estava mais frágil, este bloqueio não teve forças para se manifestar e eu vi ali mais uma vez que o dono do "Jogo da Vida" nos dá a medida apenas do que podemos suportar.

Sabe o mais louco de tudo isto, entendi que se entendemos rapidamente o processo, gozamos do prêmio mais rápido também. Se você sentir vontade de fazer perguntas para o Deus do universo, faça. Seja livre.

Somente os livres têm intimidade para questionar o Senhor do universo. Após 3 meses da morte da Melissa, eu estava grávida de Joshua, o nosso filho da promessa. A convicção que tenho em meu coração de não ter brigado com Deus, me fez encurtar caminho e ser brevemente recompensada. Através de um sonho fui avisada que Joshua chegaria e isto se cumpriu. Meu choro se tornou em alegria! Ganhei um menino amoroso, inteligente, amigo fiel com múltiplos talentos. Como valeu a pena esperar por ele. A minha vida jamais foi a mesma depois que Joshua chegou. Ele trouxe com ele o maior ensinamento de jamais desistir e perseverar naquilo que queremos. Milagres acontecem? Sim.

Ah, mais um momento de alegria. Uma alegria inesperada, mas completamente desejada. Grávidos novamente eu e Roberto ficamos surpresos após 5 anos. Me preparei para mais um menino. Talvez uma defesa minha para não sofrer novamente, talvez um pressentimento materno mesmo, não sei, mas quando fui até o hospital para o ultra som de sexagem, descobri que era uma linda menina. Neste dia, meu pai também foi nos acompanhar no exame. Eu gostei tanto da companhia dele num momento tão especial! E lá estava ele, sendo meu cúmplice na descoberta que uma linda princesa estava a caminho. Ah, o universo me ouviu, me retribuiu, me confiou uma menina. Agora é Sarah. Eu não poderia explicar tamanha felicidade. Um casal de filhos, um privilégio. Assim como o Joshua, ela foi muito esperada e desejada. Mamãe, uma vovó toda orgulhosa, preparava toda semana laços manuais personalizados, combinados com roupas, sapatos e vestidos. Realmente entrei de cabeça no mundo cor de rosa. Sem traumas ou ressentimentos, eu vivi cada etapa do processo. Às vezes sentia medo, dela por alguma razão, não estar mais conosco, mas rapidamente eu era inundada de uma alegria tão grande por ver meu útero funcionando novamente que tudo parecia como um sonho. Em abril, início do outono no Brasil, Sarah Hadassa nasceu saudável, linda e usou o seu primeiro laço produzido por minha mamãe ainda na maternidade. Sarah é de uma personalidade amigável, amorosa, decidida e bastante autêntica. Costumamos dizer que Sarah chegou com um brilho extra. No lugar do coração, ela tem um sol. Esta é a nossa Sarah. Espontânea, divertida que me faz acreditar todos os dias, que por mais dias nublados e sombrios que possam existir, sempre haverá uma esperança.

A vida seguiu. Em 2019, fui morar nos Estados Unidos com minha família, o medo da solidão voltou. Passei o meu primeiro ano de America convivendo com um profundo medo de ficar só. Eu estava numa terra desconhecida, com duas crianças que dependiam de mim, sem mãe ou pai por perto, longe de amigos e parentes, numa cultura e costumes tão diferentes do meu, sem dominar o idioma local, tendo apenas a minha própria família. Eu senti muito medo que o pior acontecesse e meu marido não estivesse mais do meu lado e eu ficaria sozinha com duas crianças pequenas. Eu senti muito medo que o pior acontecesse e meus filhos não estivessem mais do meu lado e eu ficaria sozinha e que o mundo iria acabar. E que pior era este? Eu não sabia nem explicar em palavras, mas um dia ou outro a dor profunda do medo da solidão continua ali. Foi uma decisão. Decidi não continuar carregando mais este sentimento de uma vez por todas. Ele passava anos longe de mim, mas quando chegava me fazia mal e mal aos que estavam ao meu redor, pois eu gerava insegurança para todos. Fiz pergunta para mim mesmo, porque em alguns momentos de toda minha vida esta dor tornava a aparecer? E foram dias me questionando. Foram semanas me perguntando, mas porque tanto medo de ficar sozinha no mundo? E foram mais alguns meses fazendo perguntas para minha criança interior, até que um dia ela me respondeu.

Era inverno no sudeste do país. Pelas manhãs o frio é intenso para um país tão tropical como o Brasil. Este ano, estávamos acampados numa cidade perto da nossa, São José dos Campos. Já era uma tradição, nas férias de inverno íamos acampar. Um acampamento criado por americanos. Percebo que desde pequena eu já era cercada pela cultura norte-americana e papai tinha muitos amigos vindos dos Estados Unidos para morar no Brasil também. Via os americanos falando o idioma portugues e via o quanto se esforçaram com aquele sotaque bem evidente e para ironia do destino hoje sou eu que carrego meu sotaque pela América. Foi com eles também que eu aprendi a jogar baseball e já tinha ganho meu próprio taco e bola trazidos por um dos amigos de papai.

Nesta semana, o acampamento estava com uma programação destinada para os jovens de diversas cidades da região. Mamãe foi escalada como voluntária para trabalhar na cozinha, juntamente com mais outras mulheres. Ela sempre gostou de servir e fazia isso muito bem. Papai ia ajudar, junto com outros envolvidos a realizar toda a programação do evento e eram momentos como este que via papai muito feliz pois estava perto de seus amigos na equipe e amava fazer isto também. Meus irmãos, por já serem mais velhos e estarem na faixa etária exata para participarem das atividades, estavam animados, reencontrando acampantes da temporada passada que sempre retornavam pois o acampamento era muito bem conceituado todos os anos. Em momentos assim, tínhamos a oportunidade de rever primos de cidades distantes, conhecer pessoas novas da mesma idade e com os mesmos interesses e aprendermos uns com os outros. Nos momentos que eu participava nas temporadas infantis e de juniores, guardei grandes memórias e aprendi a competir em grupos e, tirei ensinamentos que carrego até hoje.

Meus irmãos eram separados por dormitórios exclusivos para os acampantes conforme suas idades, homens de um lado e mulheres de outro e amavam quando se encontravam nos refeitórios e nas atividades ao ar livre. Papai e mamãe, como iam para trabalhar, recebiam uma casa exclusiva também para os outros voluntários. Eu tinha 8 anos, então era hospedada juntamente com papai e mamãe. Como mamãe estava servindo na equipe da cozinha, era a primeira a levantar para poder preparar o café da manhã para os acampantes.

Numa das manhãs daquela semana não foi diferente. Mamãe se levantou naquela manhã fria de inverno e o sol ainda não havia nascido. Se juntou com aos outros da equipe e lá foram eles, num caminho úmido da friagem da noite, entre os lindos pinheiros que compunham a área verde do acampamento. Papai também logo despertava e seguia para suas tarefas. Para não me poupar de um sono tranquilo e quentinho, mamãe levantava nas pontas dos pés e me deixava dormir até mais tarde todas as manhãs. Certa vez mamãe acordou junto com papai e foram realizar seus compromissos. Eu continuei dormindo em minha cama, mas neste dia, passado alguns minutos também despertei. Nunca havia reparado que sempre mamãe me deixava descansando um pouco mais enquanto preparava a mesa de café da manhã de todo o acampamento, pois ela sempre voltava para o quarto que estávamos hospedados antes mesmo de eu despertar. Naquele dia abri meus olhos, olhei para o lado e não vi mamãe e nem papai. Ainda deitada, olhei para aquele teto alto, de vez em quando com uma pequena aranha invasora e comecei a chorar. Naquela cabecinha de criança, mamãe e papai foram embora, me deixaram sozinha, eu nunca mais os veria, nunca mais teria proteção, moraria para sempre naquele quarto, o mundo tinha acabado. Hoje olhando para trás quero dar risada, mas naquela cabecinha de criança eu estava sozinha no mundo para sempre. Enquanto eu limpava as lágrimas, corri para a maçaneta da porta, abri, mas vi o longo caminho de pinheiros, um céu ainda escuro e uma camada fina de gelo sobre a grama que eu teria que percorrer sozinha para encontrar mamãe. Então decidi que o que eu poderia fazer era chorar o mais alto que eu pudesse para ser notada. Naquela manhã fria de inverno, voltei pra cama com muito medo de estar sozinha num lugar que não era a minha casa e senti uma profunda dor da solidão. Chorei, chorei, chorei tanto que a aranha do teto se escondeu no forro do alojamento. De repente abre a porta um garotinho com alguns anos mais que eu (talvez uns 11 anos), que eu brincava sempre e que era filho de uma outra voluntária do acampamento e me pergunta porque eu estava chorando. Fiquei um pouco envergonhada, mas senti um alívio de ter alguém por perto. Eu só queria estar com minha mãe, e ele entendeu isso. Ele me fez calçar meus sapatos, um casaco quentinho e segurou em minha mão. Caminhamos os dois, duas crianças por entre pinhas úmidas caídas chão e chegamos no alojamento da cozinha. Avistei ao longe minha mãe mexendo a panela de mingau quentinho e corri para dar-lhe um abraço. Nunca mais queria me afastar dela. Naquele abraço tive uma sensação de amor, proteção e aconchego e sabia que nunca mais eu queria sentir aquela dor tão profunda que eu havia sentido antes. Mamãe me colocou sentada em uma cadeira perto dela, me serviu pão e chocolate quente enquanto se apressava para finalizar os últimos detalhes do refeitório. Ao finalizar seus afazeres da primeira parte da manhã, retornamos ao alojamento em que estávamos e mamãe continuou a cuidar de mim com todo amor e o mundo não acabou.

Compartilhei este episódio da minha infância com você, para te dizer que aos 8 anos eu senti a dor profunda da solidão. Não sei quantos minutos meu choro durou, mas eu chorei por um longo tempo até aparecer aquele garotinho. Foi neste dia que eu fui bloqueada. Medo de ficar sozinha. A vida seguiu, eu cresci, fui morar em outro estado e o medo da solidão continuou ali e apareceu naquele apartamento novamente. Mas o tempo passou, eu fiz carreira em uma grande empresa, me casei, engravidei e o medo da solidão apareceu novamente. Assim são os bloqueios. Bobos e em sua maioria infantis. Os neurocientistas talvez classificariam estes comportamentos dando os seus pareceres neuropsicológicos, mas a minha experiência fez eu olhar para dentro de mim e buscar resolver e gravar em meu inconsciente uma outra fotografia do dia do acampamento de inverno.

Conto a vocês como me desbloqueei do medo da solidão.

Fechei meus olhos enquanto tomava um banho (o desbloqueio pode ser feito em qualquer lugar que você se sinta seguro para realizá-lo). Pensei novamente no que de fato aconteceu. Mamãe se levantou naquela manhã fria de inverno e o sol ainda não havia nascido. Se juntou com aos outros da equipe e lá foram eles, num caminho úmido da friagem da noite, entre os lindos pinheiros que compunham a área verde do acampamento. Papai também logo despertava e seguia para suas tarefas. Para não me poupar de um sono tranquilo e quentinho, mamãe continuou a se levantar nas pontas dos pés e me deixou dormir até mais tarde. Papai seguiu para seus compromissos. Eu continuei dormindo em minha cama, mas neste dia, passado alguns minutos despertei. Abri meus olhos, olhei para o lado e não vi mamãe e nem papai. Ainda deitada, olhei para aquele teto alto, avistei a pequena aranha invasora e comecei a chorar. Naquela cabecinha de criança, mamãe e papai foram embora, me deixaram sozinha, eu nunca mais os veria, nunca mais teria proteção, moraria para sempre naquele quarto, o mundo tinha acabado. Assim os pensamentos da menina continuavam.

Enquanto eu limpava as lágrimas, corri para a maçaneta da porta, abri, mas vi o longo caminho de pinheiros, um céu ainda escuro e uma camada fina de gelo sobre a grama que eu teria que percorrer sozinha para encontrar mamãe. Então neste momento fiquei muito brava com a situação. Gerei raiva e aos gritos no chuveiro, coloquei a minha raiva para fora aos berros. Gritei enquanto a água caia em meu rosto, que nunca mais aquela pequena menina teria medo da solidão e que isto nunca mais iria atrapalhar a vida dela. A raiva com este bloqueio foi profunda, porque tantas vezes fui paralisada de fazer muitas coisas porque a possibilidade de ficar sozinha e com medo outra vez me visitavam. Gritei, berrei e me senti livre naquele momento. Nesta hora eu continuei a me mentalizar voltando para cama e me escondendo nas cobertas. Foi quando escutei barulho do lado de fora da porta. A maçaneta mexeu e eu fitei os olhos na porta. Eram mamãe e papai que entravam sorridentes e vinham imediatamente até a cama para me abraçar. Mamãe acariciou os meu cabelos e sussurrou baixinho em meu ouvido: *"Mamãe está aqui filha, pode dormir mais um pouquinho"*. Papai, todo sorridente e brincalhão pulou para dentro das cobertas e beijando meu rosto disse: *"Jamais você estará sozinha princesa, o papai está aqui, ficarei na cama com você e tomaremos café juntos."* Com aquela cena, meu cérebro foi reprogramado e é esta cena que carrego hoje dentro de mim. A cena mais forte, a cena dominante, então meu cérebro acredita que de fato papai e mamãe estiveram comigo no quarto e eu jamais passei por algum bloqueio de solidão.

Te encorajo a fazer este exercício. Isto mudou muito dos meus comportamentos que eu mostrava e nem percebia o quanto eles me faziam mal. O desbloqueio é simples, mas deve ser exercitado. Até hoje, com menos frequência, mas quando percebo que alguma atitude externa mexeu fundo com minhas emoções e percebo que poderá me bloquear em alguma área, eu ativo a ira com todas as minhas forças sobre o episódio e rapidamente construo uma nova cena imaginária com o que de fato me deixa mais confortável e treino meu cérebro a acreditar nela. Os percalços e feridas no meio do caminho ocorrerão enquanto estivermos neste corpo corruptível aqui na terra, mas se aprendermos a eliminar os bloqueios, podemos passar mais rápido por estas feridas e cicatrizá-las com mais precisão e ter uma vida mais leve.

Talvez você realmente se sinta a pessoa mais sozinha do universo e, ou tem tantos porquês da vida para estar assim. Talvez seu bloqueio da solidão aconteceu agora na fase adulta e muitas outras pessoas a vida lhe tirou. Independente do motivo que te levou a se sentir tão sozinha ou ter um medo profundo de ficar só, lembre-se: *"Ainda que seu pai e sua mãe te abandonassem, Deus não se esquecerá de você"* (texto bíblico em Salmos 27:10).

Resignificar

A maior coragem que você deve ter na vida é mudar.

Num acampamento de carnaval na minha infância tive que decorar um verso para que minha equipe ganhasse pontos. A princípio odiei ter sido a escolhida para a tarefa, mas longe estava eu de saber que este verso decorado me perseguia uma vida toda. Ele dizia: *"Eu não mandei você ir? Seja agora forte e corajosa. Não tenha medo porque eu, a Energia que te deu a vida será contigo, por onde você passar"*.

Bem, para se tornar forte e corajoso você terá que mudar. Nossa! Mas mudar é tão difícil. Temos que mexer em algo que muitas vezes demoramos longos anos para conquistar. A estabilidade é tão mais fácil. O comodismo, o conforto que eu conquistei. Hajo assim porque aprendi assim. Meus pais foram os melhores, aprendi com eles e serei assim até morrer. Para que mudar meu jeito se nasci assim? Agora que cheguei até aqui, é sério, terei que mudar? Bem, se você chegou até aqui na leitura deste livro é porque se interessa em uma evolução pessoal. Fato é que todos somos movidos a isto. Se ficarmos parados morremos, temos que estar em movimento. A vida funciona assim. Ta ok, poderia ficar parada e jamais mudar, me cercar de pessoas que me falem tudo que quero ouvir, que tenham os mesmos gostos que eu ou que se importem comigo. Ter recursos disponíveis e conviver com a estabilidade da vida.

Deixe-me lhe dizer algo tão esperado por muitos, "Estabilidade" não existe. Jamais poderemos viver na estabilidade. Quando pensamos ter conquistado tudo que queríamos, vem a vida e nos surpreende. Às vezes com coisas boas, às vezes com coisas ruins. Mas planejamos, calculamos, tiramos a medida exata de todos os possíveis riscos, guardamos, poupamos, nos protegemos, fizemos tudo certo nos mínimos detalhes e de repente algo inesperado acontece. A vida é assim, já sabemos disto. Mas se sabemos, por que ficamos chateados se algo foge do nosso controle? Guarde isso com você: o desconforto do crescimento é muito mais valioso do que a ilusão da segurança. O crescimento apenas ocorrerá quando apenas ele tiver do lado um aliado inseparável, O Tempo. Já parou para olhar o desenvolvimento de uma árvore? E quanto tempo ela levou para ser tão alta e possuir um caule tão rígido? Tudo começou com aquela pequena semente. Uma semente pequena que precisou cair na terra. Ela precisou de água para começar o seu processo de desenvolvimento. Verde ainda, coloca seus "olhinhos" para fora da terra e percebe que o mundo não é tão escuro como onde ela se escondia. Ela sente o primeiro vento em sua face. Ual, é a primeira vez e isto parece muito agradável. é uma sensação nova de frescor e prazer.

De repente vem sobre ela um raio de sol que aquece seus pequenos "bracinhos". O tempo está ali, inseparável ao crescimento. Então aquela pequena plantinha continua a se desenvolver. Ah, como crescer é bom, pensava ela. Água, terra, sol e vento, tudo que traz conforto, proteção, afeto, alimento e segurança. E ela continua a crescer. Sua cor começa a ficar cada dia mais vibrante. Agora sua "perninha" está mais longa, então ela consegue ver mais e mais lugares. Ao lado percebe que a vizinhança está aumentando e vai se sentindo cada vez mais empolgada e entusiasmada. Tudo é novo, tudo parece estar dentro do controle, tudo parece estar estável na sua vida de árvore. Ela continua o processo, cada dia se ergue mais e mais e sente seu "pezinho" cada vez mais firme no chão. Interessante pensar que antes dela sair do "mundo escuro" debaixo da terra, ela já estava crescendo, então ela se garante no processo. Mas em um momento, aquele vento no rosto se torna mais forte e numa experiência jamais vivida antes, ela sente a intensidade da natureza lhe empurrando para trás como se a quisesse parti-la ao meio. Se lembra de uma fração de segundos que já cresceu para baixo e nada poderá tirá-la dali, então tá tudo certo, ela sabe que vai se entortar um pouco com o forte vento, mas nada mais irá acontecer. E aquela plantinha continua a viver o processo. Mais a frente, ela olha para o sol, aquele que lhe tirou de um "mundo escuro" e lhe mostrou tantas coisas lindas com tudo que iluminou ao seu redor e então percebe que não pode olha-lo diretamente nos olhos, que ele é muito forte e poderoso, mas tudo bem, percebe que pode conviver com isso.

O tempo, aliado do crescimento, continua fazendo aquela pequenina árvore ser cada vez mais alta e mais alta, e ela começa a se achar importante diante da vizinhança. Mas ela não contava que como estava ficando mais e mais alta, não se achava mais sombra facilmente e aquele sol que lhe mostrou tantas coisas lindas, começa a queimar sua lindas folhas verdes, que agora algumas já não carregam mais a cor tão vibrante do início, mas passa a lhe trazer cores mais pálidas e amareladas. E ela continua a viver o processo, afinal não tem mais como voltar e ela tem que conviver com isso. Ainda tudo parece adaptável e estável e então o tempo aliado ao crescimento, continua cumprindo sua função com total responsabilidade. A pequena árvore já não é mais tão pequena assim. Ela continua a viver o processo mas naquele dia que tudo estava estável, chega algo surpreendente. A água que recebia vem mais forte, os pingos gostosos e refrescantes que sempre viu cair do céu, agora começam a chegar mais intensos. Gotas maiores e maiores e um volume nunca visto antes cai sobre ela e a machucou de tão forte.

Algumas folhas vão embora e a terra fresca que sempre acomodou seu pezinho tão fofinha e macia, já se torna encharcada, fria, barrenta e não está mais tão legal ficar ali. Ela pensa, *"se eu tivesse duas perninhas e pudesse sair daqui, correria para longe, procuraria novamente uma terra fresca e continuaria o meu processo"*. Realidade, ela não tem 2 "perninhas", não pode sair e correr para uma nova terra, tem que se sujeitar. Tem que aceitar permanecer no lugar que a colocaram. Vai continuar crescendo, aliada do tempo, porém tomando sol nas suas lindas folhas, vendo algumas pálidas e com tons amarelados, sendo pega de surpresa vez em quando com pingos mais fortes e mais fortes que se transformam em verdadeiras tempestades, se encharcando com o excesso da água parada e jamais poderá mudar sua situação. Mas ela escolheu a estabilidade dela. Ela entendeu que a estabilidade não existe, que estabilidade é uma ilusão, e que ela estará ali sujeita as surpresas que a vida mostrar em todo novo nascer do sol. Sabe qual é o nome dela? Árvore. Sim apenas Árvore, muito prazer. Até as árvores vivem o processo delas. Até as árvores não possuem estabilidade. Agora, digo a vocês a boa notícia de todo este livro: Nós não somos árvores!

Você se lembra quando eu disse em páginas atrás que somos a imagem e semelhança de Deus? Somos seres humanos. Para vivermos esta vida, nós precisamos estar em movimento, porque Deus é movimento e Ele habita dentro de nós. Como seres humanos, parados não podemos ter vida e assim morreremos. A árvore não tem escolhas, nós sim. A árvore recebe o que a vida mostra e nada pode alterar, nós sim. Entender que jamais teremos estabilidade, nos faz enxergar que a vida é feita de mudanças, ciclos, fases, estações ou como você queira chamar. Se até a árvore que está ali cumprindo seu papel, sempre no mesmo endereço, faça chuva ou faça sol, e mesmo assim não tem uma vida estável, logo entendemos que jamais teremos estabilidade por aqui. Já ouvimos frases como "O futuro a Deus pertence", sim e isto mesmo, jamais saberemos o que vai acontecer no próximo segundo de nossas vidas. Quando queremos ir contra a lei natural da vida, nos machucamos e abrimos feridas.

Natural é crescer. Querer interromper este processo nos fará morrer. Um bebe que acabou de nascer, jamais poderá voltar para o útero. Se isto for forçado, mata a mãe e a criança. Quando paramos de crescer em estatura continuamos a crescer na mentalidade. Alguns aqui neste trecho até dariam umas boas risadas, se lembrando de um fulano ou outro que mentalmente regrediram ou que nunca evoluíram nesta área, mas salvo aqueles que possuem algumas questões genéticas ou falhas cognitivas neurais, todos temos a possibilidade de continuar a evoluir suas mentes. Lembre-se, toda vez que não queremos crescer e tentamos interromper o processo natural da vida, nos machucamos e ferimos a nós mesmos e a outros.

A mudança ocorre dentro do processo natural da evolução humana. A mudança é necessária, mas como ela está ligada ao crescimento, ela precisa do amigo para caminhar todos juntos.

O ano era 2022, eu, meu esposo e filhos viajamos para o deserto da Califórnia. Era nossa primeira vez por lá e seguimos rumo à cidade de Las Vegas, no estado de Nevada. No caminho, entramos em uma floresta de cactos, o *Park National Joshua Tree*, localizado entre o deserto de Mojave e o deserto do Colorado. Jamais esqueceremos a cena que vimos, uma imensidão de terra árida, de cor bege e muito, muito quente. Nossa respiração era ofegante e menos que percebemos, avistamos a nossa filha Sarah com a pele imediatamente bronzeada e bochechas rosadas. Estávamos literalmente em meio ao deserto. Bem ao longe conseguimos ver montanhas belíssimas como se cercasse o local nos mantendo ali dentro e rochas gigantescas que literalmente brotavam do chão, devido ao movimento das placas tectônicas ao longo dos anos as empurrando para fora. Olhamos para um lado para o outro e em algum momento redemoinhos de areia se formam como que dançando na paisagem e logo se desfazem. Era muito bonito de ver. Aglomerados de vegetação seca se juntavam, virando grandes feixes redondos que corriam de um lado para o outro conforme o vento as empurravam. Olhávamos os diferentes tipos de cactos e eles pareciam mortos, mas então chegávamos mais perto e havia neles pequenas flores nascendo. Sarah e Josh adoram escalar as enormes rochas e ficaram impactados ao saber que elas saíram debaixo da terra. A vista é realmente muito bonita.

Estar no meio do deserto e se deparar com uma paisagem marrom e seca e ainda mais com uma floresta de cactos de perder a vista, é lindo demais. E então avistamos o protagonista daquele deserto, a árvore chamada *"Joshua Tree"*, sim, que tem o mesmo nome do nosso filho primogênito. A história do park conta que colonizadores da religião de mórmons cruzavam o deserto de Mojave em meados do século XIX, quando avistaram a árvore, acreditaram que o formato dela representava o profeta bíblico Josué (*Joshua é a tradução do nome Josué no hebraico*), e sua forma peculiar como braços abertos e suas folhas pontudas e peludas, fazia parecer também que Josué tinha barba. Assim como Josué conseguiu salvar o povo Israelita e levá-los até a terra prometida de Canaã, eles também acreditavam que aquelas árvores na representação de Josué iria guiá-los quando passassem pelo deserto para as suas expedições por novas terras.

Observe quão interessante pensar que esta rara árvore também está inerte, parada, com a aparência de quase morta, mas a *Joshua Tree* é uma árvore presente apenas nesta região da terra e cresce apenas 2 centímetros ao ano, e segundo pesquisadores e cientistas, apesar de uma vasta quantidade dela na região, até 2099 elas podem não existir mais devido a fatores climáticos que o planeta tem apresentado. Mas para que tudo isto Rachel? Tudo isto para te fazer pensar que, mesmo esta rara, famosa, histórica e exclusiva árvore também não tem uma vida de estabilidade. A prosperidade é natural e a estabilidade é uma resistência. Vejo quantas vezes eu fui resistente. A uma mudança, a uma nova idéia, a um novo sabor, a uma nova escolha. São tantas fases na vida que passamos que as vezes resistimos e somos empurrados a viver novas estações. A maior coragem na vida eu aprendi que eu não espero como uma árvore a vida fazer por mim, mas eu mesma devo ter a coragem para mudar. E quantas vezes isto não foi fácil pra mim. Tive que passar por cima de minhas vontades, de meu conforto, das minhas escolhas, dos meus pré-conceitos, da minha estabilidade para conseguir mudar.

"Sejam novos, renovando a vossa maneira de pensar, para que experimenteis qual seja a boa, agradável e perfeita vontade de Deus"

Você já deve ter ouvido esta frase ao longo da vida, num sermão, num outdoor, num filme! Eu também ouvi. Parece algo tão distante e tão forçado que nos dará dor de cabeça se esforçar para mudar a mente que preferimos não mexer com isto. A vida é o que é, acreditamos no que sempre nos contaram e geralmente pensamos, nos momentos de maior importância de nossas vidas, onde deveremos tomar decisões importantíssimas, que devemos agir baseados nos pensamentos que sempre nos formataram desde a infância. Ouvi em um podcast um neurocientista renomado dizendo certa vez que a famosa frase *"Penso logo existo"* é uma desculpa que carregamos na vida para não mudar. A mudança ocorre quando eu crio a consciência que independente do que eu venha pensar posso mudar meus movimentos, posso mudar os meus comportamentos.

Meu primeiro passo para mudança dentro de mim foi fazer as pazes comigo mesmo. Quantas vezes a gente fica pensando que poderia ter feito diferente, que errou em uma situação, ou que deveria ter falado mais ou falado menos. Quando entrei em paz com meu eu, tudo ficou mais fácil para poder escrever a minha história. Comecei uma jornada para mudar meu estilo atual, interromper padrões que me faziam mal, eliminar crenças que não faziam mais sentido e ressignificar episódios que não valeriam mais a pena carregar. Entendi que a escolha de uma visão de mundo pode ser pessimista ou otimista, eu que devo escolher. Entendi que devo decidir escolher o agora, porque o passado e o futuro são ilusões, eles não existem. Entendi que o processo para mudar dói, mas que muitas vezes, e eu me arrisco a dizer que na maioria das vezes irá doer. Aprendi que quando algo me decepciona ou não dá certo, eu devo ser rápida em ressignificar e dar um novo sentido a aquilo que não me agradou. Percebi que nunca perco, ou eu ganho ou eu aprendo, e assim a vida fica mais leve de ser vivida. Compreendi que a vida está no processo e se passado e futuro não existem e o que tenho é o presente, então tenho que fazer a diferença nele. Que a felicidade só existe no agora, ilusão minha pensar que lá no futuro quando eu conquistar algo serei mais feliz, e eu já pensei muitas vezes assim. Mudar minha forma de enxergar a vida me trouxe liberdade e liberdade é saber que o momento mais maravilhoso é o agora, enquanto eu digito este livro e enquanto você lê.

O primeiro passo para nossa mudança interna é a consciência. Só muda quem é consciente do seu agora. Em muitos momentos quando as minhas emoções estão à "flor da pele", costumo fazer um exercício que funciona. Paro e respiro profundamente e penso, *"calma Rachel que você não está no seu momento consciente agora, está agindo com emoção. Pare e volte a consciência."* Até parece ser fácil, mas não é. É um exercício quase que diário, pois nossos pensamentos se misturam aos nossos sentimentos. Lembre que os pensamentos não somos nós. Somos a essência de um Deus que está ali no fundo guardadinho. Estas mudanças que tenho experimentado na minha vida, controlar o que penso e dar comando aos meus pensamentos, é algo que levará tempo. Acredito que este processo de evolução nunca terá fim. Lembre: O desconforto do crescimento é muito mais valioso do que a ilusão da segurança. Não temos que mudar as leis. Todo dia vai escurecer, a semente vai nascer, a maré vai descer, mas depois a maré irá subir. A lei da terra está aí, apenas temos que entrar em harmonia com ela.

"Toda mudança é pessoal, toda mudança é emocional e toda mudança ocorre sem que alguém lhe mande fazer isto. Quem poderá nos levar a mudança? Apenas nós mesmos.

(Livro, O Poder da Mudança, do autor Campbell Macpherson)"

Neste processo, confronte o medo. Se necessário encontre novas tribos e desprenda-se de pensamentos negativos. Se ame, perdoe, se abrace. Mudar nossos comportamentos jamais será fácil e rápido, mas se alegre com os pequenos passos que você der no caminho. Aquela resposta dura e áspera agora não sai mais. E quando me calo na hora oportuna, volto ao meu eu interior e o aplaudo por ter estado consciente e mudado minha atitude naquele momento. E quando não consigo fazer o certo, volto, me perdoo, e me questiono como agirei de forma consciente na próxima vez? E sigo adiante. Jamais permaneça no seu erro, isto será ilusão de um passado que já não existe mais.

"Pensamentos sem controle podem ser a maior barreira para a mudança. (Campbell Macpherson)"

O medo pode ser um grande paralisante da mudança. Medo do desconhecido, medo do futuro, medo do fracasso ou de não dar conta do que está por vir a qualquer momento. Teremos que enfrentar. A mudança acontecerá quando seu cérebro não associar mais aquele comportamento ao prazer, mas passa associar aquela atitude à dor, então é neste momento que a mudança ocorre. Posso dizer a você que passei por um período que apenas comia, trabalhava e não me exercitava. A correria com as crianças, escola, compromissos, trabalho fora de casa e noites mal dormidas foram rotinas num grande período da minha vida. Devido ao tempo sempre corrido, passei a comer comidas mais rápidas e ingerir menos água. Estava tão automatizada que acabei fazendo minhas refeições dentro do carro. Em meses já havia ganho mais de 10 kilos. As roupas já não eram mais confortáveis e a minha imagem ao espelho era bem diferente do que estava acostumada a ver por anos.

Veio a dor de ter agredido a minha saúde com hábitos tão errados. Esta dor era estética e também de saber que a qualquer momento meu corpo dava sinais que algo não estava bem. A dor de não me sentir mais feliz com minha forma física, me fez desejar por uma mudança. A comida e o sedentarismo que eram prazer em minha rotina, começou a me trazer dor toda vez que eu me olhava no espelho. Tive que mudar em meu sistema nervoso o que eu associava a prazer para dor. A partir de então, comecei a tirar alimentos processados e a substituí-los por alimentos saudáveis. Não foi rápido e nem fácil, ao final do dia meus pensamentos me lembraram daquele sorvete de calda que sempre me deu carinho ou daquele pão com queijo e presunto que me tirava a ansiedade por algo que eu teria que resolver.

O tempo foi o aliado. Assim como o tempo está lá, enquanto aquela árvore cresce e se desenvolve, ele está conosco no processo de mudança. Caí várias vezes no sorvete novamente, até que aos poucos comecei a substituí-lo por frutas vermelhas que gosto muito. No processo de mudança, quando me rendia ao sorvete, começava a achar doce demais e deixava pela metade. Assim e aos poucos a vontade de receber carinho do sorvete começou a ficar cada vez mais distante e a fruta mais presente. O pão com queijo e presunto que tirava minha ansiedade, começou a ser substituído pela panqueca de aveia e banana que se tornou dos pratos mais queridos para meu paladar. Tudo aliado ao tempo.

No processo da mudança, não terá como encurtar caminhos, tudo tem seu tempo. Várias vezes ainda o pão apareceu, mas aos poucos ele foi perdendo o sentido. Não importa quantas vezes você cair, o importante é continuar a fazer parte do processo. Cada um terá seu tempo. Aos poucos o sedentarismo foi tomando forma com 10 minutos de esteira a cada dia, e com o passar do amigo tempo, virou uma corrida matinal de 3.6KM no Park. Tenha o tempo como amigo. Respeite-o e permaneça no processo da transformação. No processo da mudança da vida, não olhe para o vizinho. Não ganha quem chegar mais rápido, mas ganha quem permanece. Joshua e Sarah sabem uma frase que sempre dizemos em casa: *"Our Family Never Give Up"* (*Nossa Família jamais desiste*). Viva o processo.

"Você cria o seu futuro, e se o seu presente é doloroso, você

pode escapar do passado e mudar! (Tonny Robbins)"

Quando ouvi esta frase, refleti muito sobre ela. Como eu escaparia do meu passado? Tantos erros, tantos hábitos, tantos vícios adquiridos? Mais de 30 anos tendo os mesmos comportamentos, levando uma vida medíocre, com resultados que não me satisfaziam por completo. Algo começou a mudar verdadeiramente quando comecei a entender de fato a auto responsabilidade e parar de contar histórias para mim mesma. Criei consciência que sim, cada um tem a vida que merece e o que me fez chegar até aqui foram minhas decisões, ações, omissões, caminhos e escolhas. Parei de culpar pessoas, circunstâncias, filhos, marido, Deus. Sim Deus. Muitas vezes a gente reclama pelo simples fato que choveu em nosso casamento e molhou todos os convidados e que Deus poderia ter dado aquela forcinha e segurado mais um pouquinho, uma vez que nós deveríamos ter nos preparado melhor para uma cerimônia a céu aberto. Ou às vezes se torna mais fácil colocar a culpa no cônjuge por ações que deveriam ser nossas. Ou até colocar a culpa no carro que freiou bruscamente e acabou batendo, sendo que nós estávamos distraídos no celular enquanto dirigimos. No dia que eu assumi meus erros, fracassos, falhas, comecei o processo da mudança, e estou nele até os dias de hoje. A dor te fará mudar.

Desapegar Para Mudar

No processo de mudança terei que me desapegar. O apego muitas vezes será um grande inimigo. Muitas vezes teremos que perder para ganhar.

Quando me casei, no ano de 2007 recebi muitos presentes. Naquele ano, decidimos fazer um "Chá de Panela". Era um momento onde estes "Chás" eram uma moda. Eu tinha acumulado um núcleo grande de amigos e colegas. Trazia na bagagem amigos da faculdade, amigos da igreja, amigos do trabalho do qual era a gestora de uma numerosa equipe, e era cercada dos amigos da comunidade que papai e mamãe agora faziam parte, na cidade de Salvador, no estado da Bahia, no Brasil. Sem considerar a família de meu esposo que sempre foi farta de pessoas e generosidade. Todos queriam nos honrar de alguma forma com presentes ou algo que pudéssemos levar para o nosso novo lar. Em nosso "moderno Chá de Panela", homens e mulheres levaram algo que pensaram ser parecidos comigo e meu esposo Roberto. Ao final do jantar, precisamos de dois carros para levar tudo que ganhamos para a casa e, nas semanas que se aproximavam da cerimônia, presentes de todas as partes chegavam em nosso endereço. Eram tantas coisas bonitas e delicadas para casa que perdemos as contas. Entre elas, alguns itens se destacaram como taças de cristais, talheres banhados e algumas porcelanas. Gostamos de cada um, do mais simples ao mais sofisticado, pois verdadeiramente sabemos do amor que cada um queria transmitir com a celebração do casal.

Em 2019, nos preparamos para vir para os Estados Unidos e muitos dos presentes foram doados pois não poderiam trazer conosco e outros pertences que haviam adquirido, vendemos para acumular recursos para nossa imigracao para a América. Me lembro de mamãe ficar impressionada com a quantidade de pertences que deixamos para trás e que representaram uma parte tão importante das nossas vidas. Interessante que a impressão que eu tinha era que a cada caixa que eu embalava e retirava de casa, aquilo perdia o sentido e eu não sentia a necessidade de ter mais por perto e, a cada caixa, mamãe ficava perplexa com a minha tranquilidade. Refleti sobre isto e me lembrei a primeira vez que tive que me desapegar de algo e não foi nada fácil. Isto aconteceu em julho de 1997. Eu era uma adolescente de 16 anos e senti a maior dor da minha vida até então. Não, ninguém tinha morrido ou falecido naquele ano, mas a dor foi profunda. Após 16 anos, morando numa mesma cidade de interior, Campinas, em São Paulo, mantendo a mesma rede de amigos e familiares, aquela adolescente entrou naquele avião aos prantos, deixando para trás uma vida (pois era assim que eu entendia o mundo na minha cabeça adolescente). Poderia ter sido a experiência mais feliz e emocionante da vida naquele momento, afinal era a minha primeira vez que eu embarcava em um avião e nem sabia que dali há alguns anos me formaria em comissária de bordo, mas foram 2 horas e meia de lágrimas.

Chegamos as 7 horas no Aeroporto Viracopos, despachamos as malas e na porta da sala de embarque estavam ali, grande parte de meus amigos, amigos de papai e mamãe, meus 3 irmaos que nao morariam mais conosco na nova cidade pois já eram adultos e um "crush" (amigo da turma da igreja que eu mantinha um amor platônico), com cartazes e faixas de despedida. Meu coraçãozinho ali se partiu e eu caí em mim naquele saguão, que nunca mais passaria os finais de semana com aquela turma, que não dariamos mais risadas juntos das gafes de outras pessoas, que almoçarmos aos domingos todos juntos na mesa de jantar da minha infância ou que nos reuniriamos em algum acampamento no feriado. Meu mundo acabou, era meu pensamento enquanto cruzava pelo corredor gelado em sentido aquela aeronave. É incrível que no processo de desapego, a dor parece que jamais terá fim ou que não poderemos mais ser os mesmos caso isto aconteça. E realmente não seremos mais os mesmos. Dar um novo sentido à vida, depois que abrimos mão de algo que é tão valioso para nós mesmos, é o que nos fará prosseguir. Talvez você possa se lembrar de algo que precisou deixar para trás. Talvez um amigo, talvez um relacionamento, talvez um pertence que lhe foi tomado, talvez uma pessoa muito especial que partiu para ceu, como meu irmão Eduardo e minha filha Melissa. Não importa o que você teve que deixar ir ou que a vida tirou de você sem que você esperasse, isto é uma dor. Como já disse anteriormente, dor é dor e cada uma é exclusiva de cada um. Mas quando chega a dor, há esperança de mudança.

Para minha mãe, naquele momento que me ajudava a embalar as coisas para eu me mudar de país, ela via ainda aquela menina pequena que tanto cuidou e manteve por perto, para mim eu via apenas porcelanas, mas que também era um desapego para ambas.

Dor é dor, mas no processo para a mudança ela quase sempre será necessária. As pessoas não querem perder quando tem que retirar aquilo que tem que ser retirado.

O Maior Desafio da Mudança

Meu maior desafio de mudança foi a minha família. Não foram os amigos que se foram, não foram bens materiais que tive que deixar ir, não foi mudar de país, não foi a morte do meu irmão, não foi a morte da minha filha. Fui desafiada quando precisei mudar a mim mesma para ter a família que eu queria. Aí começou uma dor que eu jamais havia vivido antes.

Conforme vamos crescendo vamos adquirindo os hábitos, padrões, crenças de onde viemos. Interessante pensar que muitas vezes trazemos para vida aquilo que nos fizeram crer. Ainda que queiramos e até agimos por nós mesmos depois de adultos, ainda carregamos uma semente que nos foi entregue quando nascemos. Eu fui treinada num ambiente totalmente diferente do meu esposo, e é claro que enfrentamos conflitos em nosso casamento, ao ponto que tivemos que considerar o divorcio. Falarei mais a frente sobre isto.

Quero agora voltar para aquela árvore que conversamos. Já pensou como começou a grande transformação? De uma semente tão pequenina, ela se transformou em uma grande árvore. Você já viu uma semente de mostarda? A menor de todas as sementes da época criada por Deus. Embora seja a menor entre todas as sementes, quando cresce é uma das maiores hortaliças e se torna uma árvore, de tal modo que as aves do céu vêm fazer ninhos nos seus ramos. No processo da mudança seremos como uma semente, tão pequena e frágil, mas na maioria das vezes dura e rígida. Esta dureza é muitas vezes o orgulho, e exatamente ele que atrapalha todo o processo. Jamais poderemos mudar se o orgulho não for vencido. Estamos convencidos diariamente que tudo está bem como está. Não faz sentido traçar outra rota, nos negócios, nos relacionamentos, no casamento, na família, com minha saúde, com meus filhos. Todos terão que me aceitar exatamente como sou, uma semente dura e rígida. Isto é Orgulho.

O orgulho tem várias características e pesquisando mais a respeito deste danado, observamos que ele traz consigo diversas coisas que nem imaginamos que possamos ter. Eu sempre fui conhecida por ser uma pessoa tranquila, amável e que levava paz às pessoas, mas somente eu sabia o quanto isto nem sempre era verdadeiro. Eu sempre fui muito impaciente e queria que as coisas acontecessem de forma rápida e objetiva, e nem sempre sabia respeitar o tempo de cada um, principalmente com os da minha casa. As crianças tinham que tomar o banho no horário que eu determinei ser melhor para elas, deveriam seguir o meu planejamento do dia, meu esposo deveria me atender assim que eu ligasse, deveria priorizar os emails da empresa assim que chegasse em casa.

A minha impaciência começou a incomodar a todos e ainda eu achava que desta maneira fazia o melhor para todo mundo. Orgulho. O orgulho nos faz não reconhecermos nossos erros e assim contamos os melhores discursos para convencer a todos que estão ao nosso redor que estamos corretos em agir como agimos. O orgulho nos faz mentir para encobrir as pequenas ou as grandes falhas. O orgulho também nos faz não demonstrar fraquezas, temos que ser fortes o tempo todo, afinal somos como sementes fortes e rígidas. É tão triste quando vamos entendendo e percebendo o quão nos desconectamos da essência do criador e do real valor que realmente temos. Em muitos momentos do meu casamento meu marido me chamou a atenção para admitir erros que eu não queria considerar.

No processo da mudança, eu tive um despertar muito rápido que algo ainda teria que ser melhorado em nosso relacionamento e fui em busca disto. Li, pesquisei, estudei muito sobre alguns comportamentos que eu desenvolvia na fase adulta que não me acrescentavam, e acabei em muitas pautas me achando superior nos argumentos e discursos com meu esposo. Eu, de perfil analítico e mais acelerado e Roberto de perfil mais estável, sempre acabávamos em ter conflitos em muitas decisões que tínhamos que tomar. Eu constantemente era tomada de narrativas prontas dizendo que se executassem da minha maneira tudo daria certo, afinal eu era mais analítica do casal, firme e inteligente (assim eu considerava). E quando as coisas não acontecem como previsto, mais uma narrativa era exposta para que no final eu sempre tivesse razão. Orgulho. Até que chegou um tempo que as brigas eram tão constantes que uma dor profunda começou a invadir o profundo da minha alma. Claro que sabemos que discussões de egos ou razões não são saudáveis e é neste momento que temos que examinar o profundo do nosso ser e retirar aquilo que não nos faz bem. O orgulho sempre nos fará querer ter a razão e o domínio, mas lembre que ele é rígido, nos afasta da essência do criador e nos rouba a consciência. Com o orgulho acabamos destruindo áreas das nossas vidas com as nossas próprias mãos. Já parou para pensar que muitas vezes criticamos comportamento nos outros que são nossos, mas a falta de consciência não nos deixa reconhecer? Orgulho. O orgulho te fará errar, desobedecer a essência de Deus e permanecer inconsciente. O orgulho e o início da queda. E como eu adquiri o orgulho? O orgulho entra a partir de experiências de dor que tivemos e para não senti-las novamente, criamos um orgulho para anestesiarmos a nossa alma. O orgulho não nos permitirá mudarmos. Na área de sua vida que ainda há dor, ainda há orgulho.

A semente para nascer precisa morrer. Uau, isso é tão incoerente! Algo precisa morrer para nascer? Está certo isto? Sim.

A semente da oliveira precisa de terra seca para produzir. Já a semente da mangueira precisa de terra úmida. Entendi com o tempo da vida que, cada semente precisa de seu ambiente certo.

Crescer no Brasil, perto da minha família, cercada com os mesmos amigos de anos, ser a filha caçula, me gerou um ambiente de conforto. Sempre para mim tudo gerou em torno de um conforto. Apesar de começar a trabalhar desde os meus 14 anos, sempre fui a mais privilegiada em receber conforto. Meus pais prosperaram mais em algum período e eu tive certas oportunidades. Isto me fez perceber muitas coisas nas mãos que eu não precisei plantar. Vir para a América foi poder estar num ambiente novo e cavar terra para começar uma plantação e neste momento a semente precisa morrer para se transformar em uma árvore.

Interessante pensar que cada ser humano na terra carrega a sua semente. "Já vem de fábrica", assim podemos dizer. Penso em Joshua quando nasceu. A primeira vez que eu e Roberto vimos o saco gestacional naquela TV, ali Deus já havia implantado uma semente nele que ninguém poderia mais mudar. Ele nasceu em 11 de novembro de 2010 e esta semente veio para o mundo com ele. Ela é única e ninguém mais tem e nem jamais a terá. Pertence apenas a ele. Claro que como pais, sempre iremos proporcionar uma boa terra, para que ela cresça e dê frutos, mas a árvore que ele irá se tornar dependerá apenas dele mesmo. Alguns rapidamente encontraram a terra certa, outros testaram várias, mas a lei natural é que a árvore cresça e dê seus frutos. Também desta árvore virão outras sementes de seus frutos e que poderão ser espalhadas por diversos pedaços de terra pelo mundo e isto é legal demais saber!

Quando entendi que a semente teria que morrer para nascer a árvore, tive que me desconstruir. Mas já havia feito isto tantas vezes? Foram tantos recomeços? Faça até que se encontre perfeito. Bem, como a perfeição é algo inalcançável para o ser humano, irei reformular esta frase. Faca, até que não esteja mais presente no Planeta Terra.

No processo de mudança tive muitas inspirações, de pessoas e ambientes, porém algo latente em meu coração sempre foi a história de vida do famoso governador do Egito, o *José*. A fama deste homem foi tão grande no império romano que eu e você sabemos a história toda e eu sempre gostei de contá-la aos meus filhos. Imagina que aquele menino, com cerca de 17 anos, tinha mais 10 irmãos, os quais tinham ciúme dele. Eles eram irmãos de mães diferentes e talvez por isso também seus irmãos o invejavam muito, pois viam que o pai deles amava mais a madrasta deles de nome Raquel (a mãe de José), do que a própria mãe deles (de nome Lia). A inveja dos irmãos sobre José era tão grande que o fizeram simular uma tragédia, contar uma grande mentira ao pai deles, para que nunca mais eles tivessem que conviver com o amor do pai e deste irmão "preferido", porque ver este amor o tempo todo os corroía por dentro. A grande mentira foi, simular que um grande animal selvagem havia matado o Jose, pegar a túnica que José vestia, sujá-la com sangue de uma cabra, e forjar assim que ocorreu uma fatalidade inesperada na floresta e seu irmão morreu. Isto todos nós já sabemos e se não soubéssemos o final dela, ficamos arrasados com tamanha crueldade que estes 10 irmãos fizeram contra aquele garoto, uma verdadeira covardia. O plano era matar mesmo o irmão que eles tinham inveja, mas um dos 10 se compadeceu e disse: *"Vamos apenas simular para papai que ele morreu, e enquanto isso, nós prendemos José num buraco e deixamos ele por lá"*. Porém naquele momento passa pelo caminho uma caravana de mercadores que estavam a caminho do Egito, e os irmãos decidem vendê-lo por 20 moedas de prata. E lá vai José, para nunca mais voltar, para um país onde seria escravo.

E a história de triste e arrasadora, vai crescendo e se tornando linda. Sabemos que lá no outro pais ele foi preso apenas por nao querer fazer sexo com a esposa do rei, ficou anos na prisao, foi esquecido la pelo copeiro do rei que se dizia seu amigo, que no inicio prometeu ajuda-lo mas nao cumpriu a sua palavra. E após longos e longos anos, este rei precisa de ajuda. José agora já um homem maduro, decide ajudar ao rei e se destaca por seus dons e talentos (presentes dentro dele como semente, desde quando ele nasceu). E o final sabemos. O rei gosta tanto do trabalho dele que o faz governador de todo o Egito, do qual os 10 irmãos que conspiraram contra ele um dia, passam a se curvar e reconhecer a "árvore" que José se tornou mesmo com todos os percalços da vida.

Eu conversava certa vez com meu marido, no período em que estávamos em uma crise conjugal, e eu em minha bolha de orgulho, achando que eu estava sempre certa e ele em grande maioria errado, ele me disse algo que jamais me esquecerei. Em algum momento de nossa discussão, ele parou e me disse: *"amor, nós dois estamos errados. Não vamos olhar para a crise que estamos vivendo agora, mas o que nós podemos fazer com ela"*. E Roberto continuou: *"Você se lembra da historinha daquele governador romano que contamos para as crianças? Aquele que foi vendido como escravo por seus irmãos? Lembra quando não sabiam o que fazer com ele, o jogaram em uma cisterna para escondê-lo?"* Então, continuou ele: *"Foi um buraco que colocaram aquele rapaz, como alguém insignificante. Para existir aquele buraco, alguém teve que cavar, abrir o buraco no chão para ter espaço para jogar uma pessoa. Concorda? Da mesma forma que uma semente. A primeira coisa que devemos fazer quando queremos plantar algo é cavar um Buraco"*.

Enquanto Roberto falava aquelas palavras pra mim, mais uma chave virava em minha mente sobre a semente. *"Meu Deus, é mesmo uma verdade!"* Eu pensei. Para que a semente possa entrar em processo de mudança, não bastará encontrar a terra. Terá que fazer o buraco. Cavar, cavar e cavar para que a semente seja depositada. E eu pensei e pensei muito sobre isto. Meu marido me chamou a atenção para algo fundamental e que faz total sentido para um processo de mudança. O cavar é cansativo, exaustivo, árduo e dói. Neste processo as vezes teremos que cavar lá no fundo da nossa alma até mesmo para encontrar uma semente perdida e aí depois de cavar e tirar ao redor toda a terra o que não presta é que podemos fechar o buraco e começa-la a regar. Agora pense novamente na história romana que contamos para nossos filhos. Até José virar governador, ele teve que passar pelo buraco da dor. E depois de ficar naquele buraco ele ainda precisou passar por todo um processo (como se fosse o teste da vida dele). Quando ele é preso injustamente, só por não querer dormir com a esposa do rei, ali ele teve que "morrer", sim foi a hora que a semente dele teve que "morrer" para dar início a vida de árvore. Com certeza, enquanto ele ficou preso, seu ego, seu orgulho, sua raiva pelos irmãos, o conforto de sua casa, tudo isso ele teve que deixar ir. Se ele não tivesse feito assim, jamais teria se transformado na famosa árvore que se transformou, e não estaríamos mencionando a história dele por tantos anos. Aí está um verdadeiro processo de evolução e inspiração para continuarmos no caminho. Para este governador não foi fácil a caminhada, mas para ninguém nunca será. Ainda que as aparências mostram que para alguns é fácil, jamais é.

"Na vida a gente vem só pra aprender"

**Pscoterauta & Coach,
Tania Laranjeira**

No processo de mudança da vida, meus filhos passaram por isso. A cada ano escolar, tiveram o desafio de estarem com colegas diferentes estudando na mesma escola. Isso porque na América a rotatividade entre os alunos é grande. Na minha época escolar e no meu país, o Brasil, era comum mudar de série com a mesma turma (na década de 1980), ou parte dela, e permanecer com os mesmos amigos durante todo o ensino médio. Um estudo feito aqui no Vale do Silício, na Califórnia, começou a pesquisar algumas mentes brilhantes da nossa tecnologia atual, como por exemplo Bill Gates, Steven Jobs entre tantos outros nomes, do qual o estudo procurava saber o que estes homens tinham de tão brilhantes em comum. Talvez estudaram na mesma escola quando crianças, ou a infância foi direcionada com um tipo de comida específica para impulsionar o cérebro deles, ou talvez tanto o pai ou a mãe deles tinham uma superdotação cerebral da qual passou geneticamente para um dos filhos. Não, nada semelhante a isto.

O estudo buscava incansavelmente o que foi feito na vida destes homens tão engenhosos que os levaram a pensarem tão bravamente ao ponto de criarem tamanha tecnologia da qual atualmente não vivemos mais. Afinal estes homens transformaram nosso Planeta em um Mundo tecnológico! E descobriu-se que a única coisa que todos eles tinham em comum na infância, foi o fato de se MUDAREM muito. Estes *"Big Tech's"*, os grandes da tecnologia, estudaram em muitas escolas durante a vida, se mudaram de cidade muitas vezes ainda na infância, o que os levou sempre a ressignificar histórias, ambientes e pessoas. No popular eu chamaria isto de DESAPEGO. Ser exposto ao desconforto desde muito cedo, os levaram à "resiliência infantil" (se é que posso dizer isto e espero que você me entenda), mas é exatamente onde o estudo trouxe o elo entre eles. Isto me leva a considerar que inteligência todos nós temos (exceto aqueles que possuem alguma questão neural), mas o desapego para iniciar o novo, insistir, deixar ir, se conectar novamente faz um ser humano chegar além. Eles foram treinados desde cedo (talvez sem saber que estavam sendo) a serem desapegados.

Se te jogarem em uma cova lembre de José. Ele foi jogado como uma semente.

A semente tem que morrer para nascer. Este é um princípio. Toda vez que critica e reclama você é um fracassado, então decida como semente viver o processo de semente.

6

Casamento

Meu casamento deu certo?

É fato que a cada ciclo de vida vamos descobrindo novas chaves e tempos de vida. Algumas chaves são bem bacanas de serem encontradas, outras são duras e difíceis demais.

Será que em algum momento você já pensou, nossa, acho que casei mal. Talvez nunca disse, mas já pensou. Talvez nunca pensou e sempre teve a certeza que o seu casamento sempre teria o Felizes para Sempre.

Mas comigo não foi assim. Verdade, chegou um momento em minha vida que meu castelo caiu. Eu nunca vivi um caso de divorcio ou separação em minha família. Pra mim sempre foi claro que casamento é uma chance única e certeira. Tem que dar certo. Se casar, tem que ser para vida toda. Ouvi tanto as pessoas dizerem: "também ninguém se casa para se separar!" Bem aqui na América esta frase é bem diferente (*risos*), mas vamos deixar isto para um outro livro.

Em 1997 conheci meu futuro marido. Acabei de

chegar numa cidade quente, com um colorido que não tinha visto antes, numa cultura tão diferente da que eu havia convivido naqueles meus 16 anos de vida. Odiei claro, afinal eu era apenas uma adolescente e "adolescentes odeiam mudanças". Fui inserida na escola e lá fiz amigos que tenho até hoje. Foi difícil para mim no início, ter que me acostumar com novas gírias, uma nova maneira de se vestir, escutar risadas de meu sotaque pelos corredores que passava. Uma garota bem extrovertida chamada Tany, puxou a cadeira e se sentou ao meu lado. Ah que maravilha, eu sempre gostei de fazer amizades com o grupo mais descolado, até porque eu nunca tive habilidades em relacionamentos, e esta garota era espontânea, engraçada e me acolhera em seu grupo de amigos. Se eu estivesse com ela, seria vista e notada sem ter que fazer muito esforço, afinal para aquela garotinha tímida e reservada isto seria um excelente plano. E a vida escolar se seguiu, e eu era destaque na sala, sempre muito aplicada em meus trabalhos e claro, porque eu vinha de outra parte do país e as pessoas sempre queriam saber mais a respeito. Experimentei meu primeiro cigarro de menta (que detestei) e descobri que as meninas de minha idade faziam sexo. Conheci meu primeiro paquera baiano, mas minhas questões com timidez e bloqueios me faziam despistar dos garotos e esnoba-los.

E a vida acadêmica ia se seguindo. Para ir até o Colégio, minha mãe providenciou rapidamente um transporte particular que me levasse todos os dias juntamente com outras crianças que tinham este privilégio. Não durou muito. O motorista do transporte escolar tentou marcar um encontro comigo com uma conversa que eu não tinha o menor interesse. Neste dia o trajeto para minha casa estava com um tráfego tão intenso por causa da chuva, que eu não via a hora de descer daquele veículo, ir direto pra casa e contar para a minha mãe. Na hora que eu contei a ela a conversa estranha do motorista, ela imediatamente suspendeu a minha ida, tomou todas as providências necessárias com o motorista e tive que me adaptar ao transporte público, indo em companhia de uma amiga do prédio. Mamãe sempre foi muito cuidadosa e atenta comigo e todos os meus irmãos. Fiquei tão feliz em me sentir protegida por minha mãe naquele dia, e vi o quanto se importava comigo.

Em paralelo a vida acadêmica, vivia uma vida dentro de uma comunidade religiosa onde meu pai era o líder, e fora por causa deste trabalho de papai que nos mudamos para a cidade de Salvador, no nordeste do País. Lá eu conheci meu esposo. Eu tinha apenas 16 anos e ele tinha 20 anos. Fui apresentada a ele e o achei bem bonito. Ele usava uma calça jeans, cinto preto, sapatos pretos e uma camisa de botões xadrez azul. Estava de pernas cruzadas, braços cruzados e apoiado numa varanda. Não conversamos muito naquele dia, afinal havia outros garotos que me tiraram o fôlego e me deram mais atenção. Para mim nunca foi difícil ser reconhecida. Ou eu era "a filha bonita do Pastor", ou me esforçava para ficar sempre no grupo mais descolado para me sentir rapidamente incluída. Lembre-se, eu cresci sem clarificar minha própria identidade.

O tempo foi passando e eu ia me enturmando cada vez mais com os outros jovens da igreja da minha idade. Promovemos festas, lual na praia, reuniões nas casas uns dos outros, passeios, cinemas, mas eram nos acampamentos de carnaval e de inverno afastados da cidade por alguns dias, que a conexão do grupo aumentava. Foi aí que comecei a conviver mais de perto com meu futuro marido. A princípio não tinha muita paciência para as suas piadas (que na época eu achava chatas), mas as outras meninas achavam ele lindo no charmoso carro preto que ele desfilava nos finais de semana. Então começamos a trabalhar juntos num mesmo grupo para auxiliar outros jovens que precisavam de nós. Neste momento começou a surgir uma verdadeira amizade e conseguimos conversar sobre diversos outros assuntos também. Adora ver ele jogar futebol, e suas pernas sempre foram assunto entre as meninas.

Mas foi no ano de 1999 que fomos escalados para trabalhar como *"staff"* de algumas crianças num acampamento de inverno, que me senti atraída de fato pela primeira vez. Jamais esquecerei a cena que me despertou a atenção real nele. O time de crianças que ele coordenava no acampamento, ganhou do meu time infantil (o que sempre foi normal, porque em jogos e esportes Roberto sempre ganha e me deixa com raiva, rs...). No momento em que receberam a notícia de que eram os ganhadores, Roberto levantou em um de seus ombros, um garotinho de aproximadamente 6 aninhos, de cabelinhos bem loirinhos, enquanto erguia seus braços gritava *"É Campeão"* e a multidão de crianças o seguiam com muita empolgação.

Naquele momento, aquela cena ativou dentro do meu coração a paternidade que sempre senti falta minha infância toda. Eu pensei. Este é o homem que eu quero na minha vida. Um Homem que será o pai dos meus filhos, os quais jamais passarao pela dor da ausência de um pai presente. Mas na verdade, o que só me dei conta ao longo da jornada da vida, é que este pai eu queria era pra mim, para exatamente suprir uma carência emocional que eu mesma carregava e nem tinha consciência. Em 27 de julho de 1999, trocamos nosso primeiro beijo e oficialmente começamos a namorar. Foi um longo namoro de 8 anos. Tivemos neste período altos e baixos até que em 15 de setembro de 2007 nos casamos. Lua de mel, casamento incrível, tudo parecia caminhar corretamente. Éramos um casal jovem e errar algumas vezes estava permitido, pois fazia parte do processo. Passamos por nossa primeira perda, o aborto de nossa filha com 7 meses e meio de gestacao, e entao recebemos o presente do nosso primeiro filho, o Joshua.

Após 5 anos, chegou Sarah para abrilhantar as nossas vidas e trazer de volta a menina que nos foi tomada. Com 2 anos do seu nascimento, as coisas já não estavam indo tão positivas para nós. Roberto se acidentou no trabalho e já não conseguia mais apresentar a mesma performance devido a seu físico. Neste momento, eu trabalhava na empresa do meu irmão Ricardo e atuava em um cargo de gestão. Desde a nossa chegada em Campinas, sabíamos que não iríamos permanecer ali por muito tempo. No meu coração sempre existiu um sentimento que deveríamos estar em outro lugar. Neste período orávamos para que Deus confirmasse algo que brotou no coração de meu esposo, os Estados Unidos. Para mim, diferente de muitas outras pessoas que encontramos por aqui, nunca foi um sonho morar na América, mas eu sempre era nutrida de um sentimento de não estar onde eu deveria estar. Eu e Roberto decidimos orar a respeito e buscar nos respaldar de todas as informações de quem já morava aqui. Foi então que chegamos no solo americano em 6 de novembro de 2019.

Neste tempo as coisas começaram a se encaixar e muitas promessas que tivemos no Brasil, começaram a se manifestar aqui na Califórnia. Muitos não entendiam o porque viemos, mas chegamos aqui, em 4 pessoas, com uma promessa dos céus e alguns dólares na conta. O tempo foi passando e eu comecei a me conectar com pessoas que eu jamais escolheria ter por perto. Até porque, aqui não temos tantas escolhas assim de amizade. A sensação a todo tempo, é que Deus envia as pessoas para se conectarem umas com as outras. É certo também dizer que, neste país ninguém entra se os EUA autorizar, mas entendemos que Deus sempre dará a última palavra para tudo nesta Terra. Conhecer outras culturas, costumes, tradições de diversos países do mundo aqui representados, é encantador para mim. Em um momento você está no país onde nasceu, cresceu e aprendeu, no outro, na maior economia mundial. Introduzir meus filhos aqui nos EUA foi muito significante para mim. Ver Sarah, tão pequena (na época com 3 anos), com uma semana de Day Care já conversava em inglês com a amiguinha enquanto brincava. Joshua fez amigos no Clube da cidade de *Carlsbad* e as coisas pareciam fazer sentido. Até o momento que eu comecei a perceber que eu carregava comigo os mesmos comportamentos do Brasil e que não me faziam bem.

A partir de 2020, eu comecei a fazer alguns trabalhos comuns à rotina dos imigrantes que chegam na América em busca de novas oportunidades. Então iniciei minha jornada pelos serviços tradicionais (*os chamados "Jobs"*). Fiz limpezas de casas, sim eu lavei banheiros, organizei quartos e limpei fogões como ninguém. Também cuidei de crianças, sendo babá ou seja *"nanny"* (termo em inglês para *"babysitter"*). Mas alguns questionamentos começaram a vir quando em 2021 eu comecei a trabalhar com "deliverys" e entregas de compras de supermercado para os consumidores. Neste momento, tinha mais tempo livre para estudar áudios enquanto trabalhava. E quanto mais eu ouvia, mais eu queria saber acerca de mim mesmo e como poderia ainda mais evoluir como ser humano, livre das pressões, das religiões, de tudo aquilo que te possa colocar em uma caixa e te programar a viver como a maioria.

Dentro de mim eu sabia que não seria a maioria, e neste processo eu queria aprender mais de uma simples palavra: VIDA. Em um ano li dezoito livros, algo que para mim era quase que inalcançável, já que o meu comum eram dois ao ano quando estava inspirada. Nesta busca e sede por conhecimento sobre mim mesma e sobre os outros, comecei a mudar a minha forma de pensar e ver a vida.

Afinal, nós somos os nossos pensamentos? Não, Nós não somos nossos pensamentos. Eles vêm e vão e não temos controle sobre eles, mas quando entendemos que somos uma essência que pode pensar o que for, isto não nos representa, mas que nós estamos além da nossa mente e podemos interromper um estilo atual e mudar a nossa forma de enxergar a vida. Uma curiosidade que adquiri com pessoas 'e, como você pensa? Enquanto conversamos você se entrega na conversa ou seus pensamentos vagueiam em outras coisas? Enquanto você lê este livro, se entrega na história contada ou por muitas páginas foi até a cozinha em pensamento, e lembrou daquela lista de mercado que ainda não fez, ou então pensou na infância naquele exato momento que andou de bicicleta e sentiu o vento em seu rosto, ou no tempo que precisa buscar o filho na escola? A mente é algo extraordinário, que habita o nosso ser e que nos leva a ter ações que nem imaginamos. Ali que meu raciocínio se forma. A mente implica um conjunto de processos que se desenvolvem de forma consciente e inconsciente e permite ao ser humano ter a capacidade de obter informações, associá-las, analisá-las e obter suas próprias conclusões.

Nesta mente tenho acesso a memória, a intuição, a inteligência, o sonho, o sentimento, ego e superego, além de poder influenciar a conduta de um indivíduo. Tudo o que somos, fazemos e temos começou em nossa mente. Eu não entendia como nada disso funcionava. Sabia que o cérebro é um órgão presente na cavidade craniana que carrega nossos neurônios que são as células do nosso sistema nervoso. Mas entenda que a mente é aquela que faz o cérebro funcionar e que ela é imaterial, não tem como tocá-la em uma cirurgia ou de alguma outra forma, mas ela é responsável por todo nosso sistema nervoso. A luz elétrica, criada por um jovem de 31 anos que financiou e patenteou vários dispositivos importantes para industria, Thomas Edison, é algo que vemos e percebemos, mas a eletricidade que passa pelo fio e chega até a lâmpada, não podemos tocar ou enxergar, mas sabemos que a lâmpada só brilha porque ela está ali. A mente é exatamente assim.

Entender algo talvez simples, mas tão fundamental, faz toda a diferença num processo de evolução. Conforme ia aprendendo mais sobre o meu funcionamento, mais eu me amava e entendia as minhas ações e comportamentos. Alguns eu passei a amar e outros eu apenas deixei ir. Para cada nova fase da vida começamos a notar que certas coisas já não fazem mais sentido e teremos que abandonar. Na jornada, começa a nascer uma nova mulher. Aquela com uma identidade clara de quem é, do que gosta, de atitudes novas, de opiniões seguras, de alguém que sabe o que verdadeiramente quer. Os assuntos começam a mudar, as vontades, os desejos, e novos sonhos começam a nascer também. Este foi um momento extraordinário com meu Eu interior, mas também de incertezas para os que estavam ao meu redor ou que cruzavam o meu caminho.

Neste período, Roberto e eu começamos a viver alguns conflitos. Como? Meu posicionamento para a vida começou a mudar e percebemos que já não estávamos mais falando a mesma língua. Mas como? Já havíamos lido tantos livros sobre casamento, feito tantos cursos juntos, ajudado tantos casais a não se separarem, fomos até professores de programas para noivos e professores de um dos maiores cursos no Brasil na época, o *"Casados Para Sempre"*! Como numa área que sabíamos tanto, de repente estávamos tão desconectados? Foram dias muito difíceis que enfrentamos em nosso matrimônio. Roberto saia pela manhã para trabalhar, e eu ficava com o turno da noite. Mal nos falávamos. Quando sentávamos para uma conversa construtiva, minha mente já estava além daquilo que meus olhos viam e meu esposo já não mais me acompanhava nos raciocínios. A intriga entre nós foi tão grande que preferimos não terminar o que começamos, já que julgávamos que o outro não entendia mesmo e seria perda de tempo. Eu muitas vezes orgulhosa e me achando superior em meus novos comportamentos, não queria jamais admitir que estava errada e assim a discussão começava, ou às vezes passava para o dia seguinte. Eu questionava sobre o nosso futuro e projetos e me sentia totalmente sozinha e insegura achando que Roberto não seria capaz mais de acompanhar tudo aquilo que eu queria viver. Foi um período desolador.

Como toda mulher, você irá me entender, que o mais que queremos e nos sentirmos seguras, sabendo que o homem que temos do lado irá nos proteger se algo der errado. Eu não conseguia mais enxergar Roberto assim, e as nossas discussões os faziam crer que ele já não era mais capaz de ser o homem que eu tanto amei. Em meu orgulho, deixei ele imaginar que jamais poderia corresponder ao meu amor por ele. Nosso casamento afundou.

Lembro uma madrugada que acordamos apenas para discutir. Depois de um dia exaustivo e cansativo de trabalho, eu fazia cobranças sobre a rotina da casa, os filhos, a empresa, projetos que ainda não haviam começado. Eu escolhia o pior momento para traçar nossos planos do futuro e queria que acontecesse do meu jeito, enquanto ele tinha uma outra opinião que ia contra o que eu queria e nós não conseguimos entrar em acordo. Acho que eu chego aqui no real motivo do nosso casamento ir para o fundo do poço, falta de Total Acordo.

O que é o Acordo no casamento? O acordo é tão importante em qualquer tipo de relacionamento. Para uma convivência saudável é essencial acordarmos o que precisamos com o próximo. Poderíamos chamar de a Lei da Convivência quando decidimos juntos o que e como ficará bom para os dois. Isto também dependerá da nossa maturidade para muitas vezes ceder aquilo que realmente queremos para que todos os envolvidos fiquem bem. Entrar em acordo, posso te dizer que é matar o orgulho e algumas vezes não ter a palavra final, mas se submeter. Reagir é receber a reação de um impulso. Responder é receber o impacto de um impulso, filtrá-lo e devolver uma resposta. A resposta sairá filtrada e a reação sairá sem filtro. Resposta tem tom, postura, entonação, mas já a reação sai com volume e tom inadequados. Será que quando estamos conversando acerca de qualquer coisa que precisamos resolver, damos uma resposta ou temos uma reação?

Muitas vezes eu e o Roberto tínhamos uma reação. Estávamos cansados e escolhemos os piores momentos para conversarmos sobre assuntos mais complexos. A exaustão nos levava às brigas. Às vezes nós não falávamos nada um com o outro, mas no momento de darmos alguma resposta, a nossa expressão facial demonstra descaso, negação ou frustração. Eu estava vivendo em minha bolha de orgulho, desmotivada com meu casamento e achando que nada do que vivemos até então fazia mais sentido. Sabe o que é você acordar um dia, olhar para o lado e falar com você mesmo: *"Por que casei com ele? Por que ele nunca me entende? Por que ele não muda? Por que? Por que? Por que?"* Este foi um período de muitos questionamentos. Claro que é muito mais fácil colocar a culpa no outro por um casamento falido, e eu fiz assim. Eu não queria assumir o meu papel de auto-responsável.

"Poderão andar dois juntos se não estiverem de acordo?" (*Texto de Amós 3:3*)

No calor das emoções e dos conflitos, eu já não me auto questionava mais. Era óbvio que eu e meu marido não andávamos mais juntos. Estávamos perto um do outro, mas juntos não mais. Íamos para as reuniões de família, festas, apresentações escolares, perto um do outro, mas juntos não mais. Comprávamos o que precisávamos, educávamos as crianças como julgavamos ser melhor, seguiamos nossas rotinas perto um do outro, mas juntos não mais. Os propósitos estavam seguindo caminhos diferentes e a todo tempo a minha leitura da relação era que eu sonhava sozinha.

Nesta hora me vi no fundo do poço. Não me sentia mais amada o suficiente, desprotegida e fracassada. Não tinha forças para levar o casamento adiante. O sexo já não era mais uma satisfação pra mim, apenas um cumprimento de tarefa. Um toque ou um abraço eram esporádicos. Jamais imaginei que eu estaria neste lugar. Comecei a ter uma tristeza profunda, de insatisfações diárias e a cada dia achava que não haveria mais jeito para eu me corrigir ou que existisse uma mudança em meu casamento. Nesta fase transitei entre os papéis ora de vitimista, ora de superior. Algumas vezes me achava o problema da relação e preferia morrer a continuar. Chorava e depois queria viver novamente. Outras vezes eu acusava, achava que tinha razão, julgava o comportamento de meu esposo e me convencia que nosso casamento foi um erro.

Aos poucos eu me convenci que queria caminhar sozinha. Que todos meus fracassos como esposa eram culpa de meu marido, que ele não estava à altura de uma mulher inteligente, sonhadora e que queria viver uma nova vida com mais liberdade. Me lembro certa vez, tendo passado uma noite muito depressiva e sem esperança mais em nosso casamento que acordei decidida e pensei o dia todo. No final da tarde eu fui para a varanda e chamei meu esposo. Eu disse a ele que a melhor saída para encerrarmos uma relação de tanta discussão e desafetos seria o divórcio. Como não conseguimos manter casas separadas por uma questão financeira aqui na América, moraríamos na mesma casa, porém estariamos divorciados sem obrigações conjugais. Meu marido disse imediatamente que jamais viveria desta forma comigo e que me amava e lutaria sempre para estar ao meu lado. Sabe o que eu aprendi disto tudo? Que eu não sabia nada. O orgulho nos faz tão cegos de nós mesmos, que muitas vezes você não irá perceber que o problema está em você. E se caso o problema não estiver todo em você, a solução deve começar em você. A partir daquele momento da varanda, decidimos que iríamos fazer dar certo. Talvez eu precisasse ouvir novamente que eu era amada, que meu esposo lutaria para estar ao meu lado e isto realmente foi um "start" para que eu entendesse que é possível recomeçar sempre que for necessário.

Sim, nada aconteceu da noite para o dia. Afinal, houveram ofensas, desafetos, ausências, julgamentos, desilusões. Aos poucos íamos retomando conversas mais leves e descontraídas, riamos das coisas engraçadas das crianças, começamos a nos levantar um ao outro. Às vezes, assuntos passados ainda não resolvidos vinham à mesa, e novamente nos agrediamos verbalmente, discutíamos e não conseguíamos entrar em acordo. Certa vez, num dos episódios, neste processo que ainda estávamos vivendo, tivemos uma discussão durante uma caminhada no parque, e eu terminei a conversa à minha maneira e sai correndo. Meu esposo chateado e não querendo ficar para trás, saiu como um raio e quando eu percebi que ele estava me alcançando, acelerei as pernas e um ficou competindo com o outro naquele dia para ver quem iria vencer o circuito do park. Ele venceu e eu perdi e é claro que eu voltei para casa morrendo de raiva ainda mais, por ter perdido na corrida para ele. Toda esta raiva, todo este ressentimento, todas as ofensas e desafetos eu tive que deixar ir. Mas foi um grande processo. Foi um tratar dos meus pensamentos para voltar a amar o homem que eu sempre amei. Foi um tratar das minhas vontades para voltar a amar o homem que eu sempre amei. Foi um tratar do meu orgulho para voltar a amar o homem que eu sempre amei.

Te contarei um grande segredo e peço que fique apenas entre nós: Eu queria mudar meu casamento, mas descobri que a grande mudança era EU.

Nós temos o hábito de olhar para o próximo e achar que sempre é sobre ele. Eu estou certa, eu tenho sempre razão, eu sou a *"the best"* (a melhor). Pode até ser que em alguns momentos você tenha realmente razão, mas um tem que ceder, e se você chegou na leitura deste livro até aqui, para ter o casamento que você quer, você terá que ser esta pessoa. O processo não é fácil, mas aprendi que o casamento é um presente que a vida dá como uma escola de evolução. Se conseguirmos evoluir no casamento, estaremos prontos para evoluir no mundo.

"Nossa vida é uma aventura baseada no perdão. Tudo se trata de largar para alcançar. Largar o passado para alcançar o futuro. Para vivermos assim, precisamos amar como se nunca tivéssemos sido feridos, ao ponto dos nossos extintos de amargura e vingança serem sobrepostos com amor."

(Livro: Ame como se nunca tivesse sido ferido, autor Jentezen Franklin)

Este é um trecho de um livro que marcou o meu processo no relacionamento com Roberto. Realmente eu tive que ressignificar muitas coisas para amar como se eu nunca tivesse sido ferida e este livro me ajudou muito. Gostaria de dar um abraço em Jentezen Franklin (autor do livro) e dizer obrigada por não ter desistido do seu casamento, você me inspirou a permanecer com o meu. Interessante que ele também teve que ceder para viver o processo e isto faz de nós corajosos.

Lembre que se você decidir viver um casamento pleno, terá que ser o primeiro a mudar. Jamais espere que o outro tome a decisão. Apenas quem te fará ficar no centro da razão será seu orgulho, e te digo mais que o orgulho irá acabar com o elo pleno que Deus separou para você e seu cônjuge. É algo lindo pensar que quando Adão foi criado e ele não ficou só. O mesmo Deus que o criou, criou também a Eva. Eles foram criados para viverem juntos. Juntos sempre serão mais fortes. Juntos sempre poderemos ir mais longe. Juntos encontramos uma unidade de elo para levarmos uma vida mais leve e caminhando para um mesmo propósito. Não pense que foi fácil ou esteja sendo. Quando decidimos mudar temos que deixar ir. Como uma semente, morrer para viver. Renuncie, ceda, escute mais, compreenda, seja. A chave virou para mim no meu casamento, no dia em que eu decidi ser o que eu gostaria que ele fosse para mim. Claro que eu busquei ajuda, e porque eu dei o primeiro passo, ele veio também.

A ajuda de um Conselheiro

Quando não houver mais saída, busque ajuda.

Eu estava tão desgastada com brigas e discussões diárias que comecei a adoecer por dentro. Já estava ficando sem forças para lutar por mim e por nosso casamento. As crianças começaram a ter reflexos de nossos comportamentos e parecia que a nossa família iria se desmoronar. Nós já não éramos mais os mesmos. Estivemos fora do padrão original do criador para a família e isto me deixava triste e me levava para um caminho de profunda tristeza e fracasso. Até o dia que eu decidi sair do lugar que estava e pedir por socorro.

Comecei a entender que eu seria a chave da virada

para que as coisas voltassem para o eixo, e eu tive a coragem de puxar a auto responsabilidade em meu matrimônio. Me dei conta que entrei no casamento como filha e que meu subconsciente ainda queria ser esta filha, cuidada, suprida e atendida. Mas quando nos casamos assumimos outro papel, de esposa, de mulher, de amante. Quando me dei conta que precisava ser posicionada em meu casamento as coisas começaram a mudar. Algo que eu fiz muito foi acusar, criticar e apontar erros, mas esta nova mulher já não poderia apresentar este tipo de comportamento.

Um dia acordei decidida a encontrar alguém que pudesse me ajudar e fui atrás de quem poderia. Procurei ajuda de um terapeuta, que marcou um primeiro agendamento apenas para me ouvir. Fui disposta a tratar do meu eu interior, das minhas programações mentais erradas e alavancar a minha performance em nossa Empresa. A terapeuta me ouviu por cerca de 50 minutos, eu falar sem cessar sobre mim e ao final ela me falou: *"sugiro a você uma terapia de casal"*. Eu estava disposta a tentar por minha família e meu casamento, mas eu não tinha certeza se meu esposo iria concordar. Me lembro de guardar a notícia o dia todo e ao final do dia ao nos encontrarmos em casa eu lhe falei: *"Conversei hoje com uma terapeuta sobre meu caso, o quanto eu desejo mudar e evoluir como mulher, porém ela me sugeriu que eu fizesse uma terapia de casal junto com você."* Eu imaginei que receberia um "Não", mas para a minha surpresa, Roberto concordou que precisamos de ajuda para nos entendermos melhor e me disse que estaria disposto a fazer qualquer coisa por nosso casamento. Eu me alegrei e começamos a nossa jornada de cura.

Na realidade nós não sabíamos onde estávamos nos metendo e com o passar de cada semana parece que as coisas pioraram. Isto porque em cada atendimento, nós íamos afundo do superficial que conhecemos um do outro. Para a primeira sessão eu me preparei. Peguei a minha agenda de anotações e com raiva anotei todos os defeitos que encontrava em meu esposo. Estava decidida que se apontasse os erros dele, logo ela concordaria comigo e levaria ele a mudar suas atitudes e tudo estaria resolvido. No nosso primeiro encontro eu "caí do cavalo", a nossa terapeuta só queria saber apenas de nossas qualidades e habilidades e eu gostei disto. Enquanto meu esposo detalhou suas qualidades, eu comecei a admirá-lo (mas claro que ainda havia muito orgulho e eu não deixei que ele me notasse). Mas é tão interessante quando vamos nos lembrando o por que nos apaixonamos por nosso conjuge. Se você é casado, já se perguntou por que você escolheu seu cônjuge? Ou alguém lhe colocou uma arma na cabeça e te forçou a casar? Aqui na América, como tenho contato com diversas culturas, sei que alguns países ainda casam seus filhos por afinidade entre as famílias, e o amor no matrimônio deve ser construído ao longo dos anos. Para nós ocidentais isto jamais entraria em questão, uma vez que somos ensinados e doutrinados por Hollywood a se apaixonar para depois se casar.

O primeiro passo foi entendermos quem nós éramos individualmente, conhecermos a nós mesmos. Isto foi um romper para o nosso casamento. Conhecer exatamente quem está do seu lado, a forma que o outro ve a vida, temperamento, emoção, talentos e habilidades, faz com que você foque nos pontos fortes do outro e não se comprometa em investir energia em algo que não pertence a essência do outro. Compreenda os pontos citados acima e não espere ou crie expectativas de ter alguém do lado construído por sua imaginação para suprir uma ferida que você carrega. A pessoa que caminhará com você uma jornada, será exatamente aquela que Deus criou, feita com características únicas que pertencem apenas a ela. O criador não errou quando fez você e nem tão pouco o seu cônjuge e quanto mais cedo aprendermos isso, mais rápido poderemos manter um casamento saudável e de respeito ao próximo.

Neste processo eu entendi quem era eu. Qual o perfil que eu apresentava naquele momento. E eu fui resistente. Eu de perfil analítico, não aceitava alguns pontos que eu ainda apresentava em meu comportamento, mas com o tempo fui acessando mais uma etapa da minha identidade e que se havia sido criada por Deus, estava tudo certo. A técnica usada para a melhor performance de carreira, ajudou muito não só a nossa Empresa, pois começamos a ter a mesma linguagem e propósito empreendedor, como também a nossa família, pois estávamos unidos e dividindo as tarefas dentro das habilidades que cada um tem de melhor.

Claro que no processo de cura do nosso casamento, coisas do passado tiveram que ser trazidas à mesa mais uma vez e isto muitas vezes causou dor. Algumas destas coisas julgamos estarem resolvidas, afinal nós não falamos mais sobre elas, então estavam resolvidas. Mas a verdade é que quando mexemos em algumas áreas, descobrimos que ainda carregamos algumas crenças herdadas dos nossos lares de origem e que passamos uma vida toda tendo comportamentos aprendidos, dos quais o nosso subconsciente armazenou sem nem mesmo termos consciência.

Lares Diferentes Estão Condenados ao Fracasso?

Eu e Roberto viemos de lares muito diferentes e crescemos com culturas extremamente distintas. Eu fui criada em um estado de temperatura mais baixa, onde de fato no inverno sentimos mais frio, necessitamos ser mais aquecidos. A característica do povo do sudeste do país, principalmente do interior de São Paulo é de um povo focado em estudos e carreira, alegre, gentil e mais polido de palavras e comportamentos mais introspectivos. Minha família sempre foi de característica muito educada e elegante, e respeitosamente se posicionava o menos possível na vida ou rotina do outro, mas apenas quando convidado. Não apenas em minha casa de origem sempre foi assim, mas também na maioria das famílias que tínhamos acesso em nosso estado. O paulistano em suas raízes é de característica mais retraída para demonstrar suas emoções de uma forma geral.

Roberto vem do nordeste do país. Local de praia, verão quase o ano todo, onde as pessoas têm uma tendência maior a receptividade e espontaneidade por natureza. O povo nordestino possui traços fortes de alegria, criatividade e um forte senso de comunidade, o que faz com que em poucos minutos pode te considerar seu amigo e o convidar para tomar um café na mesa de jantar de sua casa ou, até mesmo lhe oferecer um convite amistoso para pernoitar a noite em sua casa, caso você demonstre alguma necessidade. O nordestino em suas raízes é de característica mais aberta para manifestar emoções de uma forma geral.

Claro que tudo isto gerou conflitos em nosso matrimônio. Eu aprendi a esperar todos sentarem à mesa, dar graças pelo alimento para então levá-lo à boca. Roberto aprendeu a sentar na mesa e degustar a comida ainda sozinho enquanto espera pela maioria. Eu aprendi a externar as emoções e pedir conselhos com pessoas do meu círculo de confiança. Roberto aprendeu a ter atenção dos outros para poder compartilhar ideias e sentimentos. Não estou aqui para dizer quem está certo ou errado e espero que me entenda. Mas estou aqui para dizer que culturas diferentes sempre apresentarão seus desafios.

Tivemos que aprender a ter equilíbrio e buscar o que de fato funcionava para nós dois. Ao longo do caminho, por cada ambiente que moramos, recebemos influência da cultura e do meio que estivemos e isto nos fez com o tempo a selecionarmos o que nos fazia bem e o que deveríamos deixar.

A infância que eu e Roberto tivemos foi extremamente diferente. Eu ouvi a palavra divorcio pela primeira vez quando tinha cerca de 14 anos e isto não era comum em minha família e parentela. O casamento sempre foi para a vida toda e quando o fizesse deveria arcar com o compromisso a vida inteira. Assim eu fui ensinada. Para Roberto, as separações entre duas pessoas eram normais. Em sua família e parentela ele sempre foi cercado de pessoas que ficavam juntas por um tempo e depois se separavam e se juntavam em novos relacionamentos. E cresci cercada por uma comunidade onde a sua maioria pensava e acreditava nos mesmos valores. Roberto mantinha princípios e tradições familiares, porém com muitas opiniões e comportamentos dos mais diversos. Não estou aqui para dizer quem está certo ou errado e espero que me entenda. Mas estou aqui para dizer que culturas diferentes sempre apresentarão seus desafios.

Assim nos unimos. Cada um trouxe suas mochilas para o casamento. Dentro delas haviam feridas, dores, esperança, expectativas, hábitos, crenças, valores, princípios. Apesar de termos a mesma fé, o que nos ajudou muito a unirmos nossos propósitos, nós fomos tomados durante a jornada de interesses totalmente diferentes um do outro. No momento em que os interesses pessoais começaram a surgir, o propósito juntos ficou desestabilizado. Acordos foram quebrados e o ego passou a tomar conta de cada um de nós. Foi exatamente o momento em que relato páginas anteriores que me vi sem forças, achando que no final me restava assumir toda a culpa e desistir de cumprir a missão ao lado de meu marido.

Não digo que muitos casamentos de culturas diferentes estão fadados ao mesmo destino que o meu e já constatei que em muitos casos não. Haverá sim os anos onde se deverá usar de mais equilíbrio, mas aqui na América conheci muitos casamentos interculturais que deram muito certo apenas por um tempo, outros muitos que permanecem até hoje. Tudo dependerá da mochila que você leva e se acaso levar, tudo dependerá do quão você deverá esvaziá-la para prosseguir o caminho juntos. Eu respeito os relacionamentos e me solidarizo com as dores que muitos tiveram durante o processo e que por motivos relevantes não puderam permanecer juntos em outras fases da vida. Mas eu sei que sempre busquei na família que construí a minha principal missão na terra e o meu casamento sempre fez parte do meu propósito de vida.

Nossa terapeuta nos orientou, sinalizou e aconselhou sobre o nosso andar juntos e como poderíamos ser ainda melhores do que já fomos. E funcionou. Claro que foi um processo. Muita coisa feia havia sido dita entre nós. Acusações, críticas, reclamações e muito orgulho onde nenhum dos dois queria assumir erros simples e tomar as rédeas da auto responsabilidade para mudar a rota e ter um novo comportamento. Toda vez que um dos dois não abaixar a guarda e alterar a rota, os dois sofrerão e terão um casamento de amarguras e ressentimentos sem fim. Decida ser você a dar o primeiro passo. Não espere seu cônjuge reconhecer os erros. Lembre-se que a mudança está dentro de nós e vencer o orgulho ferido será o primeiro passo. Dói, arde e sangra ver aquela pessoa que você se entregou de corpo e alma, não corresponder aquilo que você faz com tanto empenho, mas sem dúvidas valerá a pena quando você decidir mudar seus comportamentos e de repente olhar para trás, e ver seu cônjuge correndo para te alcançar e se tornar uma pessoa melhor para si mesmo.

Então fomos nos construindo novamente. Aprendemos a ouvir mais um ao outro, aprendemos a orar juntos por nossos planos, projetos e filhos, aprendemos a ser gentis um com o outro. Aprendemos a nos honrar mutuamente. Sim, eu concluo que casamento é uma grande escola de evolução e que é possível amar como se nunca tivesse sido ferido. A mudança sempre deverá começar em você.

7

Only Today

Only Today (*Somente Hoje*)

O ano era 1990. Campeã de "Corrida de Tiro" do Acampamento de Juniores de 1990. Era mais um na vida de uma criança de 11 anos que sempre participou de acampamentos por toda a infância. Era comum irmos 2 vezes ao ano acampar com nossa família, às vezes até 3 vezes no ano. Acampamento de inverno, acampamento de carnaval, acampamento de família. Eu esperava ansiosa pela nossa viagem. Como era divertido! Mamãe e papai sempre estavam envolvidos de alguma forma com a liderança e o voluntariado e eram muito solícitos para auxiliar e incentivar a ida de um grande número de pessoas. Quanto mais perto ia chegando o dia, mais nos animamos. Eu sempre ia com a mamãe, papai e meus irmãos. Meus irmãos, por serem mais velhos, sempre iam na famosa "muvuca" do ônibus fretado para o transporte até o acampamento com todos seus amigos vindos de diversas regiões do estado de São Paulo, Brasil. Eu, papai e mamãe muitas vezes íamos em nosso carro próprio e chegávamos antes com a equipe para recepcionar os demais convidados.

A alegria era grande, e eu sempre pensava na piscina perto do lago que eu poderia usar todos os dias e fazer novos amigos. Esta piscina era bem famosa. Ela foi construída para receber a água do rio e ao redor havia areia, então nos sentimos num ambiente bem natural. Sem dúvidas foi lá que aprendi a nadar. Lembro-me de ser repleta de bóias pretas (que eram na verdade câmeras de pneu de caminhão que eram disponibilizadas pelo acampamento e por serem enormes, viraram a sensação e entretenimento de todos que estavam por lá. E claro que nos anos 1980 e 1990 não eram comum como hoje, os infláveis coloridos e as piscinas de correntezas que desfrutamos em todos os parques aqui nos Estados Unidos, então quem chegasse primeiro na piscina de rio e pegasse a bóia preta, com certeza teria um dia muito divertido. A piscina tinha suas divisões. A área das crianças, onde a água era bem rasa, a área intermediária e a área bem profunda. A profunda chamava a atenção. Ela tinha uma borda mais arredondada e em uma das laterais existia um trampolim azul, onde haviam competições e nós, os menores, ficavam à espera do próximo salto para dar palpite de quem havia sido o melhor e mais sincronizado. Tenho muitas memórias deste acampamento. Meu irmão Eduardo era apaixonado por este lugar e vê-lo contando as histórias de felicidade que ele trazia após toda viagem era excitante.

Não era apenas um acampamento, tinha toda uma história por trás. Os americanos sempre cercaram o papai, desde a infância dele e até a fase adulta ele conviveu com eles. Neste acampamento não era diferente. O administrador era um dos amigos de papai, usando sempre um chapéu de cowboy, olhos azuis, cabelos castanhos, sempre muito gentil com papai e toda a nossa família. Eu o achava muito bonito, mas hoje eu o chamaria de "Woody", do filme "Toy Story da Disney", pois são muitos parecidos fisicamente. O acampamento era totalmente composto por longos pinheiros e no inverno, as trilhas eram escorregadias, por conta das secas folhas de pinhais caídas no chão e cheio de pinhas espalhadas que compunham um cenário perfeito para o inverno (acredito que seja por isso que gosto muito desta estação, são lembranças fantásticas, num cenário lindo).

Nós geralmente ocupavamos os alojamentos (como casas individuais), mas existia uma enorme casa perto do lago, onde o "Woody" e sua família ficavam instalados sempre que estavam no Brasil, nas temporadas de grande movimento na propriedade. Mas teve um ano que o "Woody", assim eu o chamarei pois não me lembro de fato do seu nome, não veio para o Brasil, permaneceu nos EUA e, meu tio Lima e papai se organizaram para que passassemos uma semana hospedados na Grande Casa do Lago. Eu acredito ser em torno de 1986 e a experiência foi incrível. Me lembro de estar numa casa com lareira pela primeira vez, já que num país tropical como o nosso, não era comum ter uma lareira na sala como hoje tenho aqui em meu apartamento, e isso impressionava bastante uma menina de 6 anos. Me lembro daquela casa ser toda acarpetada, o que também no Brasil não era comum devido ao nosso clima, salvo algumas regiões mais ao sul. Hoje aqui na America meus quartos são todos acarpetados e entendo que isso é uma característica comum americana por ser um país mais frio. Evidente que foram dias incríveis que marcaram a vida daquela menina para sempre.

Outras histórias fantásticas sobre este lugar, é que meus pais iam para este acampamento enquanto ainda namoravam, e quando olhamos fotos antigas damos risadas lembrando de "crushes" (*paqueras*) que papai teve antes de conhecer mamãe e que acabaram virando amigos da família na época. É tão interessante que no namoro, na fase adulta, em todas a gravidez de mamãe, ela sempre esteve passando dias de alegria nesse mesmo acampamento.

Mas lá estou eu, já crescida com meus 11 anos, participando sozinha pela primeira vez de um acampamento para juniores. Várias gincanas eram distribuídas para as crianças, então em todo horário do dia era preenchido com atividades. A grande expectativa sempre foi a divisão dos quartos e o monitor que iria cuidar da gente nos próximos dias e isto era um pouco tenso. Eu queria ficar perto de meus amigos, mas no final tudo deu certo e garantimos o melhor quarto e o melhor monitor. No meio de tantas provas e competições, cada grupo de quartos formava um time, com hino e "grito de guerra", e não podiamos imitar nada do ano passado, tínhamos que nos unir, criar o hino e o grito e escolher uma cor, que nos acompanharia a semana toda. Eu amava compor e criar, então nesta parte sempre foi muito esperada a minha opinião.

Depois de um café da manhã reforçado, todos foram convocados para o campo de gramado. Um campo de futebol enorme me esperava, com uma "Corrida de Tiro" cruzando o campo todo. A regra era a seguinte. O líder soprava um apito e tínhamos que correr. Aquele que cruzasse o campo todo levaria uma quantidade enorme de pontos para a equipe que representava. Nunca havia me destacado muito em esportes. Eu era aquela que gostava das artes, poesias, redações e até matemática, mas o esporte nunca foi uma atração, até porque me achava um pouco desengonçada para isso. Eram cerca de trinta meninas que participaram desta prova e, quando o apito tocou, me lembro de não enxergar o final, mas colocar toda minha energia naqueles metros que estava a minha frente. Foi o que fiz, coloquei toda a força que podia em minhas pernas e impulsionei meu corpo a correr, correr, correr em linha reta sem olhar para os lados. O vento batia em meu rosto e eu apenas pensava *"você precisa apenas correr e chegar do outro lado"*. Foi exatamente o que eu fiz. Corri e venci. Quando escutei o apito novamente e me deparei com uma parede de pinheiros, entendi que eu já poderia parar, pois o que tinha que fazer já havia feito. Enquanto ainda recuperava o fôlego sem entender o que tinha acontecido, percebi minha monitora e toda a minha equipe invadindo o campo e correndo em minha direção, vibrando que eu havia ganho a corrida. *"O que?"* Estava sem acreditar. Afinal esportes não era onde eu recebia destaque. Mas quis o destino que eu vencesse aquela prova aos 11 anos que marcou toda a minha vida. Medalha de Ouro! Recebi e carreguei no peito até os últimos dias de acampamento toda orgulhosa.

O tempo foi passando, eu fui crescendo neste acampamento ano após ano, até que anos mais tarde o acampamento foi vendido para uma empresa aérea e não tivemos mais acesso àquele local. As histórias permanecem na minha família até hoje e tenho muita gratidão por ter tido uma infância cercada de muitas experiências com uma família que me amava e apoiava. Foi lá que aprendi a jogar baseball e vi americanos aprenderem a jogar o lindo futebol brasileiro. Foi lá que aconteceram muitas histórias de amor que viraram casamentos. Foi lá que foram feitas muitas amizades que são mantidas até hoje. Foi lá que muitos acessaram sua conexão com Deus e jamais se afastaram

Dele.

Conforme eu cresci, a vida foi tomando seu rumo. Aos quatorze anos eu já trabalhava e "batia o ponto" em uma papelaria do bairro. Aos 16 anos tive minha carteira de trabalho assinada e já cursava curso técnico de bioquímica. Nesta época me mudo de cidade com meus pais, namoro, ingresso na Universidade de Administração de Empresas em Recursos Humanos, tenho filhos, voltei a morar em São Paulo, Brazil e, sigo com minha família para os Estados Unidos. As novidades vão tomando sua forma, a língua já não parece tão estranha e a adaptação ao ambiente se torna cada vez mais fácil. A vontade de evoluir e querer alcançar além sempre me empurrou a prosseguir. Foram tantas vezes que eu tive que recomeçar que percebi uma resiliência latente, apesar de muitas vezes não acreditar em mim mesma. Nossa Família "Never Give UP" (Nossa Família nunca desiste), foi o que sempre ensinamos aos nossos filhos desde que chegamos em um novo país. Decidimos que sempre faríamos o que deve ser feito e enfrentamos o que viéssemos juntos. E temos feito até hoje assim.

A minha clarificação de identidade foi sendo manifestada a cada ano. Como falei sobre a identidade, ela é evidenciada camada por camada. Quando engravidei de Melissa clarificou algo em mim. Quando ela foi morar com o Papai do Céu, outra camada da minha identidade acendeu em mim. Quando Joshua nasceu, outra camada de clarificação. Quando Sarah nasceu, mais uma ficou bem evidente pra mim. Quando fiz quarenta anos mais uma. Esta foi a minha experiência, jamais será da mesma forma com todos. Mas entender que você é em Deus, sem bloqueios, sabendo que você é a imagem e semelhança Dele, sem ter dúvida da sua grandeza é com certeza o primeiro passo. Enquanto eu não desbloqueei questões sobre a minha paternidade aqui na terra, não conseguia ter o acesso verdadeiro à identidade do Pai do céu. Sabe porque permanecer firme e alçar pequenos resultados, que talvez as pessoas nem notam é muito significativo para mim? Por causa daquela Corrida de Tiro aos 11anos. Continuar e não olhar para os lados começou a fazer parte de um novo estilo de vida.

Quando cheguei aqui nos EUA em 2019, eu entendi que a Raquel frágil e às vezes retraída, já não podia mais fazer parte desta nova fase. Se eu neste momento já sabia quem eu era, já sabia onde queria chegar, a cada dia eliminava mais um bloqueio e aprendia algo novo, me ousei a ser uma nova Raquel. No momento de minha maior fragilidade em meu casamento, achando que tudo foi um erro, que não conseguiria passar por cima do meu orgulho, das minhas crenças e entender onde meu cônjuge estava, foi que surgiu uma nova mulher.

Eu vivi um vale, achando que estava sozinha e que seria impossível sair dele. Lutava pra levantar da cama. A tristeza era evidente em minha face. Pra mim era tão importante satisfazer meu ego e trazer histórias do passado, que ficou insuportável viver. Eu tive pensamentos de morte, achando que era o final da linha e apenas não existindo mais que minha alma sentiria alívio. De repente lutava com minha mente e contava pra mim mesma que meu pensamento era ridículo e que em breve tudo voltaria ao normal. Era um misto de alegria e tristeza, altos e baixos sem entender o que de fato estava acontecendo dentro de mim. Morrer era uma saída para acabar com meu sofrimento interno. Hoje converso com algumas amigas e vejo a quantidade de pessoas que passam por isso caladas, e não tem forças sequer para pedir ajuda. Nos momentos que a tristeza chegava, não conseguia estar em pé. Queria deitar, fechar as cortinas e apenas esperar o dia acabar para dormir. E na hora de dormir o sono não chegava e passei por um longo período dormindo mal, comendo comidas rápidas porque eu estava exausta para cozinhar, e olhando para a vida numa perspectiva pessimista.

Será que você já se sentiu assim em algum momento ou foi apenas eu? Será que jamais se perguntou sobre a verdadeira razão de sua vida? Será que você sempre se sentiu auto suficiente para encarar tudo que vier na força do seu braço? Será que em algum momento não questionou seu propósito aqui neste mundo? Podemos até ter traçado nossos planos e metas, mas chegará o dia mal e ele já foi avisado que chegaria. Duvida? Não desejo a nenhum dos meu leitores coisas ruins ou tristes, mas a Bíblia mesmo sinaliza *"Basta cada dia o seu mal"* (*texto em Mateus 6:24*). Sabe o que entendemos com isso? Que não adianta se preocupar ou traçar métodos para desviar o destino. Todos os nossos dias na terra já foram escritos. Claro que não quero ser aqui ignorante acerca do futuro, pois temos que nos preparar, traçar objetivos, prosseguir para o alvo, mas nenhum plano que tenhamos pode roubar a nossa paz interior.

Foi um período de reencontro comigo mesma. Olhar para dentro de mim, fazer o mergulho de Lech-Le-Ha (olhar para dentro de si mesmo) é a maior e mais corajosa aventura que um ser humano pode ter. Se estamos dispostos a mudar verdadeiramente e nos salvar de nós mesmos temos que olhar para dentro. Este olhar para dentro é a observação dos nossos comportamentos.

-Ah, sou extremamente rápida e eu quero respostas agora.

- Nasci desta forma e acho um erro correr atrás de mudanças.

-Sou inteligente porque estudei para isso, posso executar sozinha.

-Mereço respeito, tenho a natureza parada e tranquila e não vou me desafiar.

-Sigo à risca todas as regras de meus pais e levarei isto até o final da vida.

-Ninguém sabe o que eu passo, então permanecerei com minhas opiniões sempre.

-Apenas eu tenho traumas e ninguém precisa saber sobre meus pensamentos de morte.

- Sou uma pessoa legal. Ninguém mexe comigo e eu não mexo com ninguém.

-Melhor resolver do meu jeito, porque sou rápida e boa demais.

-Já tentei várias vezes e sempre volto a uma vida sem sentido.

-Prefiro ficar no meu mundo e apenas conviver com quem me agrada. Não sofro mais.

Você já teve algum pensamento semelhante a estas frases?

Ou talvez você já ouviu alguém lhe dizer algo semelhante?

Ou talvez você já disse algo assim.

Nossos comportamentos denunciam os nossos mais profundos sentimentos e isto não foi diferente comigo.

Orgulho presente mais uma vez.

Muitas vezes o nosso comportamento é resultado de crenças erradas que aprendemos com pessoas que se comportavam errado também. São os famosos "padrões repetitivos" que acabam por demonstrar e manter o ciclo dentro de nós. A partir do momento que tomamos consciência que algo está errado e que não pode permanecer assim, o orgulho começa a ser quebrado, mas se nos tornamos alienados com comportamentos errados, nada poderá ser feito. Entenda a partir desta visão, que a mudança virá quando decidirmos internamente que teremos que deixar ir alguns padrões de repetição e crença.

A Chave, O Amor

Em uma manhã eu me levantei e disse chega. Estou cansada de mim mesma. Adquiri tanta informação, busquei ouvir conselhos, orei, chorei e o que eu precisava era dar um basta no que me fazia sentir mal. Comecei a tirar toda a alimentação que eu sabia que não me fazia bem e que me deixava pesada e me colocava no sofá ou na cama imediatamente. Frituras, refrigerante, chocolates, doces, pães e glúten. Meu foco não era mais a autoimagem, eu já sabia quem eu era e gostava do que via no espelho. Me achava uma mulher muito interessante, bonita e agradável, mas eu sabia que ainda não estava em minha melhor versão de mim mesma. Alguns perguntariam "Mas como? Você é linda, tem um marido apaixonado por você, um casal de filhos maravilhosos e saudáveis e mora na Califórnia? Será que você não está querendo demais? Te garanto, era algo mais profundo. Eu sabia que deveria estar neste lugar escrevendo este livro, mas eu não fiz. Sabia que eu carregava uma mensagem que poderia curar o próximo, mas eu não abria a boca. Sabia que possuía um dom de encorajar pessoas, mas eu sentia a própria derrota viva. Você pode se perguntar, mas Rachel, eu ainda não sei exatamente o que fazer com minha vida. Ainda não encontrei meu propósito de vida. Sei dos meus valores, sei que sou amado, mas "quebro muito a cabeça" e não encontro meu verdadeiro EU. Descobri até os meus dons e talentos, mas algo dentro de mim não rompe, não flui na essência da vida.

Sobre isso, eu vivi a experiência na pele.

O primeiro passo a entender é seguir 2 mandamentos deixados por Jesus na terra. O primeiro é amar a Deus sobre todas as coisas (isto é entender plenamente que devo amar Aquele que me liberou para estar neste mundo e viver a aventura da vida, mais do que amo meu cônjuge, mais do que amo meus filhos, mais do que amo as minhas conquistas materiais. Sem ele eu não estaria aqui e nem as pessoas que eu amo, então eu preciso devolver este amor para esta Força Superior. O segundo passo a entender é amar o próximo como a ti mesmo. Você pode me fazer outra pergunta agora e dizer: *"Pare um pouco com isso Rachel, agora você está exigindo demais de mim"*. Então espere, deixe eu lhe contar como você será capaz.

Amar ao próximo é uma visão que eu adquiro na vida sobre alguém que é semelhante a mim. Chegou na terra sendo fruto natural da humanidade assim como eu. A partir deste momento, que reconheço o outro como um semelhante humano, sou também capaz de reconhecer no outro a dignidade que há em sua própria existência, que algo maior que eu (e sinta-se livre para pensar sobre quem é este algo, força ou energia maior), acreditou que uma semente poderia vir a existência na terra e se tornar um ser humano. A partir da convicção que o outro é digno da vida eu posso oferecer o mesmo cuidado e consideração que tenho por mim mesmo a este outro. Sem que perceba, todo o bem que quer para si mesmo, irá querer também para o seu próximo. Amar ao próximo será então um resultado natural do amor de Deus.

Existe uma história que conto para meus filhos que diz assim:

"Certa vez um homem foi vítima de bandidos. Ele foi maltratado, pisoteado, espancado e lhe foi roubado tudo que ele tinha na carteira e carregava na mochila. Ele foi jogado do carro na beira da estrada, todo machucado. Passou um homem pelo local, mas decidiu desviar o caminho porque não aguentou ver tal cena. Logo em

seguida passou outro jovem que se sentiu incapaz e decidiu voltar e pegar uma outra rua. De repente, um terceiro homem caminhava pela rua e notou aquela pessoa ali precisando de ajuda. Se aproximou, ajudou, deu-lhe água e levou para um hospital mais próximo para que fosse cuidado."

Esta ilustração não condena nenhum dos três homens, mas fiz questão de trazê-la para te fazer pensar sobre comportamentos que temos e que às vezes nem percebemos. Não sabemos o que o primeiro homem sentiu ao ver a vítima caída, como foi o dia dela, traumas que ele carrega, ou circunstância que já passou na vida até aquele momento. Não sabemos o que porque o jovem se sentiu incapaz. Talvez ele carregue algumas inseguranças, às vezes medo de a vítima ser isca para ele se tornar o próximo naquela mesma situação, talvez medo. Percebemos que a falta de amor é frequente, nem sempre proposital, mas frequente. Muitas vezes é justificada, mesmo quando não está correta. Talvez não fomos treinados a tal ponto de expressarmos amor imediato também, mas considerar e fazer uma rota contrária ajustando um comportamento, é uma manifestação de amor ao próximo. Como mencionei, não há julgadores para esta ilustração, mas ela nos faz pensar quem nós queremos nos tornar para um semelhante nosso. O terceiro homem parece ser o mais prudente em manifestar imediatamente a compaixão, você não concorda? A lição que tiramos aqui é quem eu decido ser para manifestar mais o meu amor ao próximo? Continuar a alimentar feridas, bloqueios, mentiras contadas a mim mesmo, para sempre justificar o que eu não quero mudar? Se eu pudesse escrever a história novamente, diria: Aquele primeiro homem não conseguiu chegar até a pessoa ferida, mas imediatamente tirou do bolso um celular e fez uma ligação para a ambulância. O jovem incapaz que desviou para outra rua quando se deparou com a cena, correu desesperado gritando ajuda para que outros pudessem socorrer a vítima quase sem vida.

Observe agora que todos eles de alguma forma puderam manifestar o amor ao próximo. Eles não olharam a religião daquela vítima caída, nem seu credo, povo ou posição social, seus erros, injustiças cometidas na vida, se era um traficante de drogas ou nao, mas apenas porque mudaram um comportamento, puderam expressar o amor. é claro que se estivéssemos caídos naquela estrada gostariamos de ser ajudados. O amor ao próximo sempre nos inclinam a pensar que poderia ser um de nós naquele lugar, e desejar um comportamento que fará a diferença. A manifestação de amor ao próximo poderá surgir chegando perto ou até mesmo estando longe, mas vibrando em energia para desejar o bem a um semelhante como a nós mesmos.

Mas como amar ao próximo como a nós mesmos? Deixe-me te lembrar sobre bloqueios que eu tinha acerca da minha própria imagem. O bloqueio de auto imagem, como já mencionado, te afastará de exercer o mandamento da vida de amor ao seu semelhante. Quando estamos desconfigurados em nossa própria imagem, temos dificuldade de aceitar como somos e amar-nos em plenitude com o que vemos no espelho. Os bloqueios nos afastam do amor próprio. Quando estamos bloqueados não nos damos valor, não nos respeitamos, não respeitamos o nosso corpo. Assim você já entendeu comigo que será difícil manifestar amor pelos outros se não conseguimos fazer isto por nós mesmos. Olhe pra você e lembre-se que não está neste planeta à toa. Alguém acreditou que poderia lançar essa semente na terra e colocou você aqui. Você precisa olhar para dentro se si e se perdoar. Tá tudo bem não ter acertado todas. Você deu ou tem dado aquilo que pode até este momento. Perdoe-se. Se o perdão das suas falhas não ocorrer por você, irá virar culpa e você caminhará pesado e com "mochilas" que não cabem mais para esta fase da sua vida. O passado ja nao existe mais e ele nao podera ser mudado. O futuro não chegou e nem sabemos se o amanhã chegará. O dia que está em suas mãos é *apenas o hoje*, *"only today"*. Perdoe-se. Não se culpe mais. Não ache justificativas para os erros. Apenas seja. Viva no presente. A vida está no hoje. Passado e futuro não existem. Se perdoe de qualquer culpa.

"Se tão somente confessarmos os nossos erros, há um Deus fiel e justo para nos perdoar e nos purificar de toda e qualquer injustiça", (*texto da Bíblia em, João 1:09*).

Se esta Força Maior nos perdoa, qual é a razão de não nos perdoarmos?

Se perdoamos as amarguras dos outros, devemos perdoar as nossas próprias amarguras. Se não formos dignos de perdão, nunca poderemos verdadeiramente perdoar o próximo. Temos que ser bondosos e misericordiosos conosco mesmo. Mas Rachel, eu amo as pessoas. Será que é amor ou carência? Se você voltar a alguns capítulos anteriores, irá perceber que em minha falta de clarificação da identidade, de quem realmente eu sou, muitas vezes eu queria preencher um vazio que havia dentro de mim com pessoas e fazia tudo para agradá-las e não agradava a mim mesma em inúmeros momentos. Se não nos amarmos e nos aceitarmos sempre haverá um buraco que os outros irão preencher. Ou um filho, ou um cônjuge, ou um amigo, já que nós mesmos não somos capazes de preencher este vazio. Pare agora. Faça uma reflexão interior se percebe isto em sua vida. Se perdoe e a partir de então comece a ser as qualidades únicas que apenas você possui. Você não carrega a culpa dos seus pais e antepassados. Você não carrega mais a culpa de terceiros. Você jamais perde, Ou você ganha ou você aprende. Seja livre neste capítulo para viver uma vida plena porque este direito lhe é concedido pelo autor da vida.

Eu corria e sentia o vento bater em meu rosto. Emocionante e inesquecível. Venci. Aquela sensação dos 11 anos ficou em minha memória. Eu fiz uma escolha. Decidi deixar em minha memória aquilo que me dá esperança. Isto é uma escolha. Você fará as suas e terá colheitas por elas.

Passos Para Acessar o Novo

A partir do momento que eu decidi deixar ir ressentimentos do meu casamento, culpa, acusações, justificativas para meus erros, orgulho, eu comecei a experimentar algo que jamais havia vivido. Comecei a olhar para dentro de mim com mais compaixão, com mais amor, com mais empatia, com mais alegria. Tudo na vida tem o lado bom e o lado ruim. Temos olhos para enxergar, mas as lentes que colocamos traçaram o destino que almejamos. Os primeiros passos foram sem dúvida a alimentação. Comecei a buscar raízes, frutas, cereais, vegetais, tudo que estava mais próximo da terra, da originalidade. Não foi uma jornada fácil. Meus cafés da manhã eram bem nutritivos e saudáveis, mas foram incontáveis noites que os meus jantares eram destruídos por pizzas, congelados e generosas quantidades de carboidratos e doces. Decidi então começar por uma raiz que mais gostava, com a minha proteína favorita e assim elas estavam presentes quase que em todas as refeições. Para minha mudança alimentar, foram necessários vários recomeços e em cada um deles eu me perdoava e me dava uma nova oportunidade de recomeçar. Um segredo, se perdoe das mínimas coisas que fizer e quando surgirem os erros maiores, você será capaz de se perdoar também. Tinham dias que eram mais fáceis, mas outros que me sentia extremamente ansiosa para comer um chocolate branco ou um donuts da *Crispy Cream* (uma das maiores redes de donuts e dos mais gostosos dos Estados Unidos), mas eu todos os dias eu me perdoava. O tempo foi passando e eu comecei a adaptar alimentos que gostava por outros similares. No lugar de um chocolate branco, comecei a optar por um iogurte zero açúcar de sabor chocolate branco. O refrigerante passou a ser uma água com gás saborizada. O arroz passou a ser substituído por batatas, cenouras, brócolis, mandioca e o que a minha criatividade mandava. Preferia assá-los. Me fazia lembrar um churrasco e algo mais divertido, então realmente prepará-los da forma que te agrada, sempre fará a diferença na mudança alimentar. O macarrão continuou presente, mas agora era uma massa de espinafre sem nenhuma farinha branca e em muitas vezes eu e as crianças "chupavamos os dedos" com o macarrão de palmito. A disciplina alimentar foi sendo introduzida aos poucos. Eu caia, levantava e me perdoava e prosseguia a jornada. Em todas as vezes que queria comer mais saudável, meu foco sempre era o peso da balança e nunca deu certo, ou dava certo por um tempo e depois voltava a comer tudo aquilo que não me fazia bem. Mas decidi fazer diferente. Me alimentar com o que gosto, com pequenas quantidades e coisas saudáveis consumir mais. No processo jamais me pesei, queria mudar algo mais interno e comecei a alterar a minha relação com a comida. Comecei a pensar que era muito mais interessante estar com as pessoas, do que apenas ser motivada por estar pela comida. O alimento passou a ser em minha mentalidade apenas uma pequena parte que iria compor um momento de alegria, mas a verdadeira alegria estava na relação com as pessoas ao redor da mesa. Então nos momentos em família, começamos a trazer algumas brincadeiras, como contar um momento bom e outro nao tao bom assim que passamos durante o dia, e discutir sobre isso, deixar papéis próximos dos pratos para desenharmos objetos e os demais serem rápidos em descobrir, telefone sem fio, onde quase sempre papai trocava as palavras para termos um momento de gargalhadas na mesa, entre outras mensagens de carinho colocadas em papéis para serem abertas e lidas durante o jantar. Também neste período, adquirimos um copo chamado "Celebrate". É apenas uma unidade que quando aparece sobre a mesa, é porque alguém realizou um feito significativo naquela semana e merece beber no copo especial para celebrarmos em família. Às vezes usamos o copo especial para celebrar uma nota de teste da escola, ou um projeto novo que papai vai realizar, ou mais um capítulo do livro da mamãe finalizado, ou um ato de bondade ou generosidade realizado em casa por algum membro da família. Te encorajo a fazer estas brincadeiras na sua mesa de jantar. As crianças amam e te fará pensar e sentir mais satisfação com as pessoas que compõem a mesa do que com o alimento que está sobre ela.

Aqui quero deixar uma chave poderosa que mudou a minha forma de pensar e me comportar. Tantos planos já foram traçados por mim para ajustar minha agenda e minhas tarefas durante toda uma vida. A alimentação foi apenas uma delas. Traçava metas a longo prazo para ter resultados extraordinários. No meio do caminho me sentia cansada e desencorajada a prosseguir e assim migrava para outros projetos sempre focada no final de cada um deles. Não me atrevo a construir esta jornada e viver o processo com satisfação. Era uma pessoa ansiosa em minhas emoções e comia cada uma delas. Numa manhã eu *"chutei o balde"* e disse para mim mesma. Farei o que tem que ser feito hoje. E isto me salvou.

Only Today, Apenas Hoje!

Faça apenas hoje. Tenha seus planos, alvos, não seja ignorante acerca do futuro, mas faça apenas por hoje.

Only Today (*Somente Hoje*), isto salvou-me.

Quantas vezes você se cobra por não realizar simples tarefas do dia a dia?

Quantas vezes você fica frustrado por finalizar seu dia na sensação de não ter construído nada?

Quantas vezes você se sente incapaz porque vê tantas pessoas dando conta dos seus compromissos e você começa, se sente sem energia e para?

Quantas vezes você olha para o resultado final que está lá no futuro, o qual você nem sabe se vai chegar, mas já se limita achando que será impossível cumprir a meta?

Eu fui essa pessoa. Meus pensamentos diziam que não tinha jeito. Para realizar tudo que eu queria, então eu teria que nascer de novo. Meu temperamento jamais suportaria tanta pressão para chegar num resultado. Assim por anos eu contei mentiras e mentiras para mim mesma para justificar o que eu achava que não poderia ser capaz de realizar. Achava lindo os grandes resultados, que na minha mentalidade eram para poucos ou para preferidos do universo, e eu já chorei muito por isso. Se sentir incapaz de realizar é um estado emocional deprimente. Se a sua dor está hoje, eu já passei por ela. Sentia que tinha dons e talentos, mas eu não daria conta de realizar todos os compromissos que eu teria que assumir para me tornar quem eu queria. Olhava para o futuro e não me enxergava como eu queria lá. Tudo girava em minha mente no resultado extraordinário que eu vim na terra buscar. Futuro, futuro, futuro. Tudo girava em torno do futuro. Quanta energia você tem depositado lá no seu futuro? Quanto tempo você investe em colocar sua energia no futuro? Qual a quantidade de sono que você está perdendo pensando sobre o seu futuro? Quanto mais energia você jogar para o futuro, mais cansada se sentirá. A energia é para ser usada agora, no hoje.

Einstein já dizia que passado e futuro não existem, apenas o presente. Que nascemos no presente e morreremos no presente e o demais é ilusão. O passado é onde acessamos apenas para tirar lições e acertar as nossas decisões no hoje. Este livro traz muito do meu passado, que tive que acessar para tomar decisões no hoje. Projetamos o futuro pautado nas decisões e escolhas que fazemos no presente, por isso que nosso foco deve estar no agora. Tenha seus alvos e planos, mas em nenhum momento que isto te roube a paz. Foque no hoje e você construirá o seu futuro.

Only Today (*Somente Hoje*), isto salvou-me.

Eu corria e sentia o vento bater em meu rosto. Emocionante e inesquecível. Venci. Aquela sensação dos 11 anos ficou em minha memória. Eu fiz uma escolha. Decidi deixar em minha memória aquilo que me dá esperança. Isto é uma escolha. Você fará as suas e terá colheitas por elas.

Eu comecei em cada manhã, abrir os olhos e passar o

dia contemplando uma árvore gigantesca que compunha o cenário de minha janela. Ao dormir, as cortinas não ficavam mais fechadas, eu precisava acordar mais disposta e o fato de pela manhã, ser acordada pela luz natural que entrava pela janela todas as manhãs, começou a fazer diferença. No início era tão desconfortável! Eu queria ficar mais tempo na cama, aproveitar o escuro do quarto para dormir por mais tempo, imaginar que o dia ainda não havia raiado e que eu poderia ficar mais tempo na cama. Deixa eu te dizer algo aqui. A cama pode ser uma grande amiga e deve. Mas a mesma cama pode ser uma inimiga que te aprisiona sobre ela todos os dias. Achava lindo aquelas pessoas que pulam da cama sempre no mesmo horário, que são super disciplinadas nos seus hábitos, e são em todas as manhãs, extremamente felizes. Mas naquele estado deprimido e exaustão constante, isto já não era a minha realidade. Dormir com as cortinas abertas me levou a uma experiência que jamais havia sentido. Poder acordar junto com o sol. Isto é extremamente poderoso! No dia seguinte eu pensava: *"Ah não, isso é piada, deixar as cortinas abertas, apenas fará com que eu acorde irritada e mais brava"*. Mas todo dia isso não acontecia. Acordava em paz, olhava a janela de vidro e me deparava com uma enorme árvore com lindas folhas compridas que se balançavam com a deliciosa brisa da manhã. Na primazia do meu dia eu já era confrontada com a natureza manifesta de Deus.

Li um livro certa vez, onde o autor dizia que, para ele não se esquecer o princípio da gratidão, ele carregava uma pedrinha no bolso e, toda vez que colocava a mão e sentia que ela estava lá, alisava e agradecia pela vida. Aquela parte do livro ficou tão forte pra mim que, na primeira vez que fomos na praia após a minha leitura, comecei a olhar pelo chão qual seria a escolhida. Enterrada na areia, chutei para levantá-la e lá estava ela. Pequena, branca e redonda. Já imaginou quantas histórias aquela pequena pedra passou para chegar em minhas mãos? Talvez ficou no fundo do mar por anos. Talvez era gigante, mas se tornou pequenina com o tempo. Talvez fosse cheia de pontas e toda irregular, mas as ondas e as correntezas a moldaram durante toda uma vida. Ah eu sabia que ela iria comigo para casa. Sem pestanejar, peguei e encontrei mais 3 delas e distribuí para a família toda. Não carrego no bolso, mas ela ganhou um lugar de destaque. Toda vez que acordo, olho para minha cabeceira da cama, vejo aquela pedrinha branca e me lembro de agradecer apenas porque tenho vida. Foi um exercício fazer isto antes de me levantar da cama. Ainda deitada respiro fundo, agradeço, tenho alguns minutinhos comigo, olhando a janela com aquela gigante árvore, minha pedrinha branca ao lado e provocando um coração de gratidão ao universo. Quando entendi que gratidão é medicina para os ossos, meu espírito deprimido começou a cada vez mais ter vigor. E levantar as pressas ou enrolar na cama com um celular ou sem propósito, já não fazia mais sentido para colocar os pés no chão. Gratidão Cura.

Eu corria e sentia o vento bater em meu rosto. Emocionante e inesquecível. Venci. Aquela sensação dos 11 anos ficou em minha memória. Eu fiz uma escolha. Decidi deixar em minha memória aquilo que me dá esperança. Isto é uma escolha. Você fará as suas e terá colheitas por elas.

Alimentação no caminho, gratidão me curando, mas eu sabia que deveria estar em movimento. Já havia estudado tanto, assistido a excelentes documentários e podcasts sobre atividade física, começado tantas vezes, mas tantas vezes parado. A consciência existia, mas a ação não. Todos nós já sabemos o quanto a endorfina liberada no movimento nos leva a melhores resultados, mas a atitude me faltava. Lembra da menina dos capítulos anteriores que com bloqueio de auto-imagem sempre buscou os resultados físicos e estéticos? Então, nesta fase da vida, já sabendo quem eu era, sem precisar ser algo que eu não nasci para ser e sendo consciente que eu apenas precisava ser, me levou a entrar em movimento sem focar em minha aparência. Me pesar, não foi meu foco. Ser magra também não. Eu precisava fazer algo para me tornar quem eu queria ser e mais endorfina fazia parte deste processo. Não condeno aqueles que focam no peso e medidas, na melhor aparência e estética e são felizes com isto, e se superam a cada dia. Isto é louvável. Mas para meu propósito de vida, o foco deveria ser o movimento, já que passei anos escrava da balança e dos padrões e isto de nada adiantou para mim. Na intenção, eu acordava, meditava, e descia para a academia do meu condomínio. Às vezes passava por ali por 5 minutos. Sim, no início foi desta forma. Apenas 5 minutos de esteira e eu voltava feliz. A roupa da academia ficava num cabide para fora do closet, a mostra. Eu acordava e dormia olhando para ela. Um copo todo colorido e que conserva água gelada, foi um mimo trazido pelo marido para compor esta nova jornada. Tudo isto serviu de estratégia para não me fazer parar. Cansei da esteira, pulava para os pesos, fazia 7 minutos, mas o foco não era o resultado final, era "Only Today" (faça apenas por hoje). Ouvi certa vez de um grande fisiculturista que você vencerá os mais inteligentes sendo apenas constante. A constância te levará a grandes resultados e eu vi isto na prática. Então decidi não parar. Depois, já não eram mais os 7, mas passou para 13 minutos e assim, mesmo nos dias nublados ou que estava mais exausta eu focava apenas em fazer o que deveria ser feito hoje. Tinham dias de mais tempo investido, outros menos, mas eu me abracei e parabenizo por ter feito hoje. Te digo mais uma vez. Tenha seus planos, objetivos, metas e não seja ignorante acerca do futuro, mas deposite sua maior energia no "Only Today", Somente Hoje.

Eu corria e sentia o vento bater em meu rosto. Emocionante e inesquecível. Venci. Aquela sensação dos 11 anos ficou em minha memória. Eu fiz uma escolha. Decidi deixar em minha memória aquilo que me dá esperança. Isto é uma escolha. Você fará as suas e terá colheitas por elas.

Cansada de ficar naquelas quatro paredes da academia, decidi fazer meu movimento num parque perto de casa. Ali havia uma trilha de 2.6 milhas (cerca de 4 quilômetros) e todo dia passei a caminhar por ali. Parecia não ser mais tão entediante como a academia. Natureza, ar puro, patos, aves, lagoa, pessoas passando, famílias com seus cães. Parecia ser mais atrativo. Foi o que eu fiz. Alternativa entre a academia e a caminhada do parque. Não tinha jeito, quando eu entrava na trilha, teria que fazer cerca de 1hora de caminhada para chegar até o fim. Fones no ouvido. Dias de música, dias de podcast, dias de audiobooks, dias de lágrimas e não queria ouvir nada, dias de gargalhadas, dias de apenas escutar o silêncio da mata. Ouvia o que me fazia sentir bem a cada dia. Com o passar do tempo, observava que pessoas passavam correndo ao meu lado naquela trilha. Toda vez, uma senhora de aparência de 70 anos, oriental, de cabelos grisalhos, shorts curto de corrida, tênis, fones e viseira, cruzava a pista do meu condomínio sem sequer olhar para os lados. Todos os dias, ao sair para o parque, lá estava ela cruzando toda a frente do meu condomínio com os mesmos shorts brancos. Sim, eu me senti desafiada. Como assim, caminho por uma hora e uma senhora corre na pista todos os dias sem olhar para os lados? E assim eu comecei. Começava minha caminhada e brincava com meus pensamentos. Me propunha a pensar no momento presente e toda vez que meu cérebro me fazia pensar em algo do passado ou do futuro, tinha que correr até a maior sombra da próxima árvore que eu avistava. Corria, parava, descansava. Focava pensar no agora, mas era bem difícil, então quase sempre tinha que pagar a "prenda" novamente para chegar até a próxima árvore. Cansava, eu não estava preparada, mas assumi este compromisso comigo mesma.

Todos os dias, escolhia a sombra de uma árvore mais distante e permanecia brincando com meus pensamentos. Quando voltava pra casa a senhora oriental, corria de volta com seu shorts branco e fones de ouvido. Certa vez olhando pra ela, me lembrei de uma garotinha que aos 11 anos correu e correu tanto que ganhou uma medalha por isso. Esta garota correu, sentiu o vento bater em seu rosto. Se sentiu emocionada e inesquecível. Venceu. Aquela sensação dos 11 anos ficou na memória dela e ela fez uma escolha. Decidiu deixar na memória aquilo que dá esperança. Isto é uma escolha. Ela decidiu pensar naquele dia e fazer acontecer no agora. Foi a viagem mais emocionante da minha vida! Saber que poderia trazer nos pensamentos algo que foi tão bom para mim e apenas repeti-los. Eu fui feliz correndo. Descobri algo que sempre gostei de fazer, mas havia ignorado por muitos anos. Amo correr e porque não aos 40 anos? O que impediu aquela velhinha de 70 anos? O que pode me impedir? Já se perguntou o que pode lhe impedir hoje de fazer o que sempre gostou?

Com as árvores cada vez mais distantes umas das outras eu comecei a correr cada vez mais. Corria, parava, corria, parava, mas estava no movimento. Os pés começaram a ter bolhas e doíam. As pernas pareciam que não eram tão fortes assim. Mas eu apenas decidi permanecer e fazer apenas por hoje. Metade da trilha já era possível e um dia, cerca dos 4 quilômetros eu já percorria. A primeira vez foi emocionante e meu cérebro gritou. Traga aquilo que lhe dá esperança, apenas faça pelo hoje, seja constante e chegará ao resultado.

Não pare, não desista, não olhe para os lados como aquela velhinha. O topo da vida não será de quem chega mais rápido ou dos mais inteligentes, mas daqueles que permanecem fazendo "Only Today". Um segredo? Não conte a ninguém: é a constância do "Only Today" (Somente Hoje).

Haverão momentos que a gente consegue ver apenas o que a gente quer ver. Mas trazer à memória aquilo que dá esperança, gera a prosperidade de ver o que é possível.

Prosperar é crescer. Na vida, nas relações, nas finanças, nas emoções e jamais desistir. Somos os únicos seres na terra que sabemos que iremos morrer, isto é fato. O cachorro não sabe, o leão nem desconfia, as formigas não percebem tal acontecimento. Volte seus olhos para o natural, observe que a criação apenas é. Ela faz pelo hoje.

Nesta caminhada, já desbloqueada você pensaria, mas ainda não encontrei meu propósito. Eu fui esta, não sabia mais que direção seguir. Um dia coloquei minha energia para acessar todas as camadas da identidade. Se eu puder te dar uma dica que foi ouro para que eu entendesse meu propósito de vida é a seguinte. Foque em clarificar a sua identidade. Ah mas eu ja sei so nao sei ainda meu propósito. Errado, tem mais camadas para você acessar em sua identidade. Quando isso for pleno e claro para você, o propósito te encontrará. Você pode voltar no capítulo "5 Coisas Que Eu Acessei para Clarificar a Minha Identidade".

Leia e releia várias vezes. Te encorajo a ler outras literaturas que tratam da identidade, podcasts sobre o tema. Repense sobre suas descobertas acerca de si mesmo. Às vezes algumas camadas se tornam claras quando você não está mais cercado das opiniões de seus parentes e amigos de infância. Eles são pessoas que confiamos e muitas vezes vamos considerar os argumentos deles como certos, e passamos uma vida toda participando do mesmo nicho, das mesmas conversas, das mesmas rodas e acabamos por pensar como o grupo. Se tiver oportunidade, visite outras culturas, realize intercâmbios, invista seu tempo para olhar de perto como os outros fora do seu meio de convivência pensam. Lembra da história do Abraão algumas páginas anteriores? O que Deus queria fazer com ele, quando o ordenou a ir para longe dos que ele conhecia, nada mais foi para que ele entrasse dentro de si mesmo, silenciando as vozes externas e se reconectando com seu eu interior. Ele conseguiu atingir a prosperidade de sua mentalidade. Esta prosperidade jamais estará pautada em *"como"* faremos, mas sim em quem eu desejo me tornar. A pergunta para seu eu interior sempre deveria ser: *"Quem eu devo me tornar?"* e vá em busca disto. Te lembro que as respostas sempre estarão dentro de nós mesmos.

Eu já procurei respostas em pessoas, olhava para o propósito do outro, testava inúmeras coisas para poder me encontrar. Quando comecei fazer perguntas para mim mesmo, tais como: *"Por que reclamo com as crianças por coisas tão pequenas?"* *"Por que sou insegura quando tenho que tomar decisões extremamente importantes?"* *"Por que tenho comportamentos infantis quando sou contrariada nos meus argumentos?"* e *"Por que?"* *"Por que?"* e *"Por que?"*. Comecei a repudiar aquilo que não faz mais sentido e busquei o auto confronto. Não adianta buscar a mudança fora. Ela começa dentro de nós. Jamais espere que seu cônjuge, pais, filhos, amigos mudarem. A mudança está dentro de nós. O maior ato de coragem sempre será o de mudar. Este tem o respeito do universo. Ele cria consciência, refaz a rota e prossegue adiante. E quando estas respostas chegarem, teremos que ser responsáveis por elas. Exigirá de nós que a agarramos e jamais a deixemos escapar e fazer acontecer as nossas descobertas. Isto fará de nós protagonistas da nossa própria história.

Quando o processo de mudança de vida, de mentalidade, de comportamento, de rota acontecem, independente da área que ele mais se expresse, acessamos uma liberdade no corpo, alma e espírito.

A prosperidade, a evolução, o crescimento, como queira assim chamar, se manifesta apenas quando eu estou aberta a receber o processo da mudança em minha vida. A prosperidade é natural, mas a escassez é uma resistência humana. Eu não tenho dúvidas que meu processo de mudança só aconteceu porque eu tive coragem. Deixar os velhos hábitos e crenças fez toda a diferença. Mas de fato reconhecer dentro do meu ser que existe alguém que habita dentro de mim e que me faz respirar toda uma vida, sem pensar nos movimentos e esforço que o meu pulmão tem que fazer para isto é a única razão que faz valer a pena viver esta aventura da vida. Existe sim uma força maior. Reconheça-a em todos os momentos de sua vida é tão somente descobrirá o real sentido da vida. A esta força maior é que devemos honra, gratidão e adoração. Nunca haverá outra que poderia ter nos criado e constituído criatura.

Seja flexível. Lembra daquela pequena semente que se transformou em uma belíssima árvore? Ela teve que ser flexível para suportar ventos, tormentas, chuvas e tempestades. E no processo de volição (processo da sua saída da terra), ela teve que criar raízes para baixo para ter força para romper com toda aquela terra pesada que estava em cima dela. Seja a semente. Se veja como uma semente. Somos pequenas diante deste universo. Precisamos nos submeter às leis naturais da terra. E quando lhe faltar inspiração para prosseguir, apenas pare, olhe para a natureza, observe o comportamento dos animais, pise descalço na terra e contemple que todos fazem apenas no hoje. Seja hoje o melhor que você puder. Se puder fazer o bem, faça. Se pode tocar e se abraçar, faça. Se pode comer um alimento saudável, coma. Se pode acariciar uma flor, faça isso. O único que poderá transformar uma história de derrota para uma história de vida será você mesmo. Se nutra Daquele que está dentro de você e, se submeta a Ele, se torne semente quando não souber o que fazer mais, apenas confie no processo e jamais desista de passar por ele. Você é capaz. Mudar é o maior ato de coragem que alguém pode ter. Jamais desista de você. Você é amado pelo universo senão não estaria aqui.

"Quero morrer vazia, por isso escrevi um livro."

Rachel Ventin

Agora, quero ler a sua história.

Este Livro, composto na Fonte Georgia.

Nasceu em Outubro, 2024

Made in the USA
Monee, IL
20 February 2025

12431243R00115